Direito AMBIENTAL

NA MEDIDA CERTA PARA CONCURSOS

FREDERICO AMADO

Direito AMBIENTAL

NA MEDIDA CERTA PARA CONCURSOS

10ª Edição
revista, atualizada
e ampliada

2025

EDITORA JusPODIVM
www.editorajuspodivm.com.br

EDITORA
JusPODIVM
www.editorajuspodivm.com.br

Rua Canuto Saraiva, 131 – Mooca – CEP: 03113-010 – São Paulo – São Paulo
Tel: (11) 3582.5757
• Contato: https://www.editorajuspodivm.com.br/central-de-relacionamento

Diagramação: Ana Paula Lopes Corrêa *(aninha_lopescorrea@hotmail.com_*

Capa: Ana Caquetti

A481d Amado, Frederico .
Direito Ambiental na Medida Certa para Concursos / Frederico Amado. – 10. ed., rev., ampl. e atual. - São Paulo: Editora JusPodivm, 2025.
192 p.

Inclui Bibliografia
ISBN: 978-85-442-5987-0

1. Direito Ambiental, Agrário e Urbanístico. I. Amado, Frederico. II. Título.

CDD 341.347

BIBLIOTECÁRIA RESPONSÁVEL
Ana Carolina Ribeiro Mois – CRB7 – RJ 007348/0

NOTA DO AUTOR

Esta obra de Direito Ambiental contempla objetivamente os temas básicos da disciplina para uma preparação eficiente para os concursos públicos.

São abordadas a definição do meio ambiente e as suas espécies; as normas constitucionais sobre o meio ambiente, com destaque para as competências ambientais e o artigo 225, base legal do meio ambiente natural no Brasil.

Outrossim, foi aberto um capítulo para o estudo exclusivo dos princípios informadores do Direito Ambiental, com uma análise abrangente de 14 princípios de acordo com a doutrina dominante.

Em seguida, foi a vez de ser estudada a Política Nacional e o Sistema Nacional do Meio Ambiente, assim como os instrumentos para a sua efetivação, com destaque para os mais importantes: licenciamento ambiental, estudos ambientais e espaços territoriais especialmente protegidos (áreas de preservação permanente, reserva legal, áreas de uso restrito, unidades de conservação e Mata Atlântica).

Por fim, foram vistas as três instâncias de responsabilização ambiental: civil, administrativa e criminal, inclusive com o rápido estudo dos delitos ambientais em espécie contemplados na Lei 9.605/98.

Em toda a obra privilegiou-se o posicionamento do Supremo Tribunal Federal e do Superior Tribunal de Justiça em todos os temas, com dezenas de decisões citadas ou mesmo transcritas ao longo da obra.

Conquanto seja uma obra de reduzido tamanho, a sua leitura juntamente com a legislação ambiental (especialmente as normas constitucionais sobre o meio ambiente; a LC 140/2011; as Leis 6.938/81, 9.605/98, 9.985/00 e 12.651/12; as Resoluções CONAMA 01/86, 09/87 e 237/97) permitirão ao leitor uma boa preparação na disciplina para o enfrentamento dos concursos públicos.

Nesta 10ª edição (2025) promovemos as devidas atualizações normativas e jurisprudenciais, assim como a obra foi inserida na **Coleção "Medida Certa para Concursos"**.

Bons estudos a todos!

Frederico Amado
www.fredericoamado.com.br

SUMÁRIO

CAPÍTULO 1

O MEIO AMBIENTE E A SUA NORMATIZAÇÃO NO BRASIL

LEIA A LEI:

- *Art. 3º, Lei 6.938/81*

1.1. DEFINIÇÃO DE MEIO AMBIENTE

Um meio ambiente ecologicamente equilibrado é condição inafastável para a realização da dignidade humana, pois inexiste vida sadia sem uma água limpa para beber, um ar puro para respirar e alimentos sem agrotóxicos para consumir.

O meio ambiente, ou simplesmente ambiente, é tudo que cerca ou envolve o homem por todos os lados, formado por elementos naturais com vida ou sem, por bens materiais ou mesmo imateriais fruto da intervenção humana sobre os elementos naturais.

No Brasil, coube à Lei 6.938/81, que aprovou a Política Nacional do Meio Ambiente, positivar o **conceito de meio ambiente**, assim considerado

> **"o conjunto de condições, leis, influências e interações de ordem física, química e biológica, que permite, abriga e rege a vida em todas as suas formas"** (artigo 3º, inciso I),

sendo considerados recursos ambientais

> "a atmosfera, as águas interiores, superficiais e subterrâneas, os estuários, o mar territorial, o solo, o subsolo, os elementos da biosfera, a fauna e a flora" (artigo 3º, inciso V).

1.2. ESPÉCIES DE MEIO AMBIENTE

Conquanto não seja pacífica a classificação das espécies de meio ambiente, prevalece doutrinariamente a seguinte repartição:

A) NATURAL – Formado pelos elementos com vida (bióticos) ou sem vida (abióticos) da natureza, que existem independentemente da intervenção humana, a exemplo da fauna, da flora, das águas, do solo, do ar e dos recursos minerais;

B) CULTURAL – Composto por bens materiais ou imateriais criados pelo homem, desde que integrem o patrimônio cultural, por serem portadores de referência à identidade, à ação, à memória dos diferentes grupos formadores da sociedade brasileira (com valor histórico, paisagístico, artístico, arqueológico, paleontológico, ecológico ou científico), a exemplo de uma casa tombada, do acarajé e da capoeira;

C) ARTIFICIAL – Formado por bens tangíveis ou intangíveis de criação humana, mas que não compõem o patrimônio cultural, a exemplo de uma casa recém construída ou de um novo automóvel;

D) LABORAL OU DO TRABALHO – Previsto no artigo 200, inciso VIII, da Constituição Federal, é composto por todos os bens que são utilizados para o exercício digno e seguro de atividade laboral remunerada pelo trabalhador, como os equipamentos de proteção individual e coletiva disponibilizados pela empresa, sendo respeitado quando são cumpridas as normas de segurança e medicina do trabalho.

Vale frisar que a classificação posta é meramente acadêmica, pois, a rigor, o meio ambiente é uno e indivisível, em razão da interação dos recursos ambientais. Tome-se como exemplo uma casa recém construída. Conquanto se possa enquadrá-la no meio ambiente artificial, é certo que o cimento, os blocos e as portas são feitos com base em recursos naturais. Se essa casa for o local do labor remunerado de um empregado, do seu ponto de vista, fará parte do meio ambiente do trabalho. Ademais, é possível que um dia essa casa passe a integrar o patrimônio cultural, caso, por exemplo, se mantiver de pé durante décadas ou séculos.

1.3. NORMAS AMBIENTAIS NO BRASIL

Certamente a primeira lei ambiental genérica brasileira foi a Lei 6.938/81, que aprovou a Política Nacional do Meio Ambiente, pois antes apenas existiam normas jurídicas que regulavam de maneira esparsa e sem integração determinados recursos naturais.

Em termos de concursos públicos que cobram o básico do Direito Ambiental, julga-se indispensável o conhecimento das seguintes normas ambientais básicas, que formam a "agenda mínima" do candidato:

A) DISPOSIÇÕES CONSTITUCIONAIS (artigo 23, incisos III, IV, VI e VII; artigo 24, incisos VI, VII e VIII; artigo 170, inciso VI; artigo 182; artigo 186; artigo 215; artigo 216; **artigo 225**);

B) LEI COMPLEMENTAR 140/2011 (regula as competências administrativas ambientais comuns entre os entes federados);

C) LEI 12.651/2012 (aprovou o novo Código Florestal, alterada pela Lei 12.727/2012);

D) LEI 6.938/81 (aprovou a Política Nacional do Meio Ambiente);

E) LEI 9.605/98 (crimes ambientais);

F) LEI 9.985/00 (unidades de conservação);

G) RESOLUÇÃO CONAMA 237/97 (licenciamento ambiental).

Merece destaque ainda o Decreto-lei 25/1937 (tombamento), a Lei 10.257/2001 (Estatuto da Cidade), a Lei 10.650/2003 (informações em órgãos ambientais), a Lei 11.284/2006 (gestão de florestas públicas), a Lei 11.428/2006 (Mata Atlântica), a Lei 9.433/97 (recursos hídricos), a Resolução CONAMA 01/1986 (EIA-RIMA) e a Resolução CONAMA 09/1987 (audiência pública no EIA-RIMA).

1.4. TÓPICO – SÍNTESE

Tópico – Síntese: O meio ambiente e sua normatização no Brasil	
Definição de meio ambiente	Conjunto de condições, leis, influências e interações de ordem física, química e biológica, que permite, abriga e rege a vida em todas as suas formas.

Tópico – Síntese: O meio ambiente e sua normatização no Brasil	
Meio ambiente natural	Formado pelos elementos com vida (bióticos) ou sem vida (abióticos) da natureza, que existem independentemente da intervenção humana, a exemplo da fauna, da flora, das águas, do solo, do ar e dos recursos minerais.
Meio ambiente cultural	Composto por bens materiais ou imateriais criados pelo homem, desde que integrem o patrimônio cultural, por serem portadores de referência à identidade, à ação, à memória dos diferentes grupos formadores da sociedade brasileira (com valor histórico, paisagístico, artístico, arqueológico, paleontológico, ecológico ou científico).
Meio ambiente artificial	Formado por bens tangíveis ou intangíveis de criação humana, mas que não compõem o patrimônio cultural.
Meio ambiente do trabalho	Previsto no artigo 200, inciso VIII, da Constituição Federal, é composto por todos os bens que são utilizados para o exercício digno e seguro de atividade laboral remunerada pelo trabalhador.

CAPÍTULO 2

NORMAS CONSTITUCIONAIS AMBIENTAIS

LEIA A LEI:

- *Arts. 21/24, 170, 182, 216 e 225, da Constituição*
- *Arts. 7º, 8º e 9º, da LC 140/2011*

O objetivo deste Capítulo é analisar detidamente as normas constitucionais ambientais, que formam o Direito Constitucional Ambiental, tendo em vista a sua maior importância por estarem de ápice do ordenamento jurídico, sendo fundamento de validade e lastro de interpretação para toda a legislação ambiental infraconstitucional.

2.1. COMPETÊNCIAS CONSTITUCIONAIS

Competência é poder político. Na federação brasileira, a única tricotômica do mundo, pois os municípios são pessoas políticas e não meramente administrativas, é imprescindível analisar a repartição de competências ambientais entre a União, os estados, o Distrito Federal e os municípios.

Deveras, as competências são repartidas em materiais (ou administrativas) e legislativas (ou legiferantes). As primeiras concedem legitimidade para a prática de atos administrativos em determinada seara, ao passo que as segundas permitem que as pessoas políticas editem atos jurídicos primários (leis complementares, leis ordinárias, leis delegadas ou medidas provisórias) sobre determinadas matéria.

O principal fundamento utilizado pelo poder constituinte originário para repartir ou compartilhar competências é o Princípio da Preponderância do Interesse. O que é de interesse de todos, divide-se. O que é de interesse predominante de determinado ente político, reserva-se.

As competências materiais dividem-se em exclusivas e comuns. Já as competências legislativas em privativas e concorrentes. Como na esfera ambiental interessa igualmente a União, aos estados, ao Distrito Federal e aos municípios a proteção do meio ambiente, a regra será o compartilhamento de competências ambientais materiais e legiferantes, salvo nos casos expressamente reservados na Constituição Federal.

2.1.1. Competências na Constituição e na LC 140/2011

De acordo com o artigo 23, incisos III, IV, VI, VII e XI, da Constituição Federal, é **competência comum** da União, dos estados, do Distrito Federal e dos municípios:

- Proteger os documentos, as obras e outros bens de valor histórico, artístico e cultural, os monumentos, as paisagens naturais notáveis e os sítios arqueológicos;
- Impedir a evasão, a destruição e a descaracterização de obras de arte e de outros bens de valor histórico, artístico ou cultural;
- Proteger o meio ambiente e combater a poluição em qualquer de suas formas;
- Preservar as florestas, a fauna e a flora;
- Registrar, acompanhar e fiscalizar as concessões de direitos de pesquisa e exploração de recursos hídricos e minerais em seus territórios.

Logo, como regra geral, a proteção do ambiente é dever imposto pelo legislador constitucional a todos os entes políticos, em decorrência do interesse comum, figurando como o mais importante exemplo de federalismo de cooperação brasileiro, que pressupõe uma atuação harmônica ambiental nas três esferas de governo.

Entretanto, ainda não havia sido promulgada uma **lei complementar** para regular a atuação conjunta ambiental, conforme determina o parágrafo único, do artigo 23, da Constituição Federal, mora do Congresso Nacional que muito vinha prejudicando o exercício de atos materiais ambientais, pois não é claro o âmbito de atuação de cada ente da federação.

Todavia, foi finalmente promulgada a **Lei Complementar 140, de 08 de dezembro de 2011,** que fixa normas, nos termos dos incisos III, VI e *VII do caput* e do parágrafo único do artigo 23 da Constituição Federal, para a cooperação entre a União, os estados, o Distrito

Federal e os municípios nas ações administrativas decorrentes do exercício da competência comum relativas à proteção das paisagens naturais notáveis, à proteção do meio ambiente, ao combate à poluição em qualquer de suas formas e à preservação das florestas, da fauna e da flora.

Vale registrar que as competências comuns ambientais de que trata o artigo 23, da Constituição, devem ser reguladas via lei complementar (no caso, a LC 140/2011). É inconstitucional, por exemplo, norma estadual que transfere competência de proteção ao patrimônio cultural aos municípios, por se tratar de dever irrenunciável do estado membro da federação, que não poderá se demitir do seu dever constitucional sobrecarregando, indevidamente, os municípios, devendo ter uma ação conjunta.

POSIÇÃO DO STF

*Federação: **competência comum: proteção do patrimônio comum, incluído o dos sítios de valor arqueológico (CF, arts. 23, III, e 216, V): encargo que não comporta demissão unilateral.** Lei estadual 11.380, de 1999, do Estado do Rio Grande do Sul, confere aos Municípios em que se localizam a proteção, a guarda e a responsabilidade pelos sítios arqueológicos e seus acervos, no Estado, o que vale por excluir, a propósito de tais bens do patrimônio cultural brasileiro (CF, art. 216, V), o dever de proteção e guarda e a consequente responsabilidade não apenas do Estado, mas também da própria União, incluídas na competência comum dos entes da Federação, que substantiva incumbência de natureza qualificadamente irrenunciável. A inclusão de determinada função administrativa no âmbito da competência comum não impõe que cada tarefa compreendida no seu domínio, por menos expressiva que seja, haja de ser objeto de ações simultâneas das três entidades federativas: donde, a previsão, no parágrafo único do art. 23, CF, de lei complementar que fixe normas de cooperação (v. sobre monumentos arqueológicos e pré-históricos, a Lei 3.924/1961), cuja edição, porém, é da competência da União e, de qualquer modo, não abrange o poder de demitirem-se a União ou os Estados dos encargos constitucionais de proteção dos bens de valor arqueológico para **descarregá-los ilimitadamente sobre os Municípios.** [STF, **ADI 2.544**, rel. min. Sepúlveda Pertence, j. 28-6-2006, P, DJ de 17-11-2006]*

Deveras, no exercício das suas competências administrativas comuns na esfera ambiental, entidades políticas deverão observar os seguintes objetivos fundamentais:

> I - proteger, defender e conservar o meio ambiente ecologicamente equilibrado, promovendo **gestão descentralizada, democrática e eficiente**;

> II - **garantir o equilíbrio do desenvolvimento socioeconômico com a proteção do meio ambiente**, observando a dignidade da pessoa humana, a erradicação da pobreza e a redução das desigualdades sociais e regionais;
>
> III - harmonizar as políticas e ações administrativas para evitar a sobreposição de atuação entre os entes federativos, de forma a **evitar conflitos de atribuições** e garantir uma atuação administrativa eficiente;
>
> IV - garantir a **uniformidade da política ambiental para todo o País**, respeitadas as peculiaridades regionais e locais.

POSIÇÃO DO STF

Registre-se que no julgamento em dezembro de 2022 da **ADI 4.757** *o STF julgou* **improcedentes** *os pedidos de declaração de inconstitucionalidade dos arts. 4º, V e VI, 7º, XIII, XIV, "h", XV e parágrafo único, 8º, XIII e XIV, 9º, XIII e XIV, 14 § 3º, 15, 17,* caput *e §§ 2º, 20 e 21, Lei Complementar nº 140/2011 e, por arrastamento, da integralidade da legislação.*

Vale frisar, por outro lado, que determinadas competências materiais foram declaradas exclusivas da União, no artigo 21, incisos IX, XVIII, XIX, XX e XXIII, da Constituição Federal, por estarem ligadas diretamente ao interesse nacional ou regional:

> "IX - elaborar e executar planos nacionais e regionais de ordenação do território e de desenvolvimento econômico e social;
>
> XVIII - planejar e promover a defesa permanente contra as calamidades públicas, especialmente as secas e as inundações;
>
> XIX - instituir sistema nacional de gerenciamento de recursos hídricos e definir critérios de outorga de direitos de seu uso;
>
> XX - instituir diretrizes para o desenvolvimento urbano, inclusive habitação, saneamento básico e transportes urbanos;
>
> XXI - estabelecer princípios e diretrizes para o sistema nacional de viação;
>
> [...]
>
> XXIII - explorar os serviços e instalações nucleares de qualquer natureza e exercer monopólio estatal sobre a pesquisa, a lavra, o enriquecimento e reprocessamento, a industrialização e o comércio de minérios nucleares e seus derivados, atendidos os seguintes princípios e condições:

a) toda atividade nuclear em território nacional somente será admitida para fins pacíficos e mediante aprovação do Congresso Nacional;

b) sob regime de permissão, são autorizadas a comercialização e a utilização de radioisótopos para pesquisa e uso agrícolas e industriais; (EC 118/2022)

c) sob regime de permissão, são autorizadas a produção, a comercialização e a utilização de radioisótopos para pesquisa e uso médicos; (EC 118/2022)

d) a responsabilidade civil por danos nucleares independe da existência de culpa".

Outrossim, de acordo com o artigo 30, incisos VIII e IX, da Constituição Federal, foram previstas competências ambientais específicas para os entes municipais, consistentes na promoção, no que couber, do adequado ordenamento territorial, mediante planejamento e controle do uso, do parcelamento e da ocupação do solo urbano, bem como a proteção do patrimônio histórico-cultural local, observada a legislação e a ação fiscalizadora federal e estadual.

É que a ordenação territorial municipal é interesse predominante do município, competência material que é precipuamente realizada pela aprovação do seu Plano Diretor, assim como através da proteção do patrimônio cultural local, pois a União cuidará do patrimônio cultural nacional e os estados/Distrito Federal do regional.

De acordo com o artigo 7º, da Lei Complementar 140/2011, são competências ambientais materiais de a **União**:

- formular, executar e fazer cumprir, em âmbito nacional, a Política Nacional do Meio Ambiente;
- exercer a gestão dos recursos ambientais no âmbito de suas atribuições;
- promover ações relacionadas à Política Nacional do Meio Ambiente nos âmbitos nacional e internacional;
- promover a integração de programas e ações de órgãos e entidades da administração pública da União, dos Estados, do Distrito

Federal e dos Municípios, relacionados à proteção e à gestão ambiental;

- articular a cooperação técnica, científica e financeira, em apoio à Política Nacional do Meio Ambiente;
- promover o desenvolvimento de estudos e pesquisas direcionados à proteção e à gestão ambiental, divulgando os resultados obtidos;
- promover a articulação da Política Nacional do Meio Ambiente com as de Recursos Hídricos, Desenvolvimento Regional, Ordenamento Territorial e outras;
- organizar e manter, com a colaboração dos órgãos e entidades da administração pública dos Estados, do Distrito Federal e dos Municípios, o Sistema Nacional de Informação sobre Meio Ambiente (Sinima);
- elaborar o zoneamento ambiental de âmbito nacional e regional;
- definir espaços territoriais e seus componentes a serem especialmente protegidos;
- promover e orientar a educação ambiental em todos os níveis de ensino e a conscientização pública para a proteção do meio ambiente;
- controlar a produção, a comercialização e o emprego de técnicas, métodos e substâncias que comportem risco para a vida, a qualidade de vida e o meio ambiente, na forma da lei;
- exercer o controle e fiscalizar as atividades e empreendimentos cuja atribuição para licenciar ou autorizar, ambientalmente, for cometida à União;
- elaborar a relação de espécies da fauna e da flora ameaçadas de extinção e de espécies sobre-explotadas no território nacional, mediante laudos e estudos técnico-científicos, fomentando as atividades que conservem essas espécies *in situ*;
- controlar a introdução no País de espécies exóticas potencialmente invasoras que possam ameaçar os ecossistemas, *habitats* e espécies nativas;

- aprovar a liberação de exemplares de espécie exótica da fauna e da flora em ecossistemas naturais frágeis ou protegidos;
- controlar a exportação de componentes da biodiversidade brasileira na forma de espécimes silvestres da flora, micro-organismos e da fauna, partes ou produtos deles derivados;
- controlar a apanha de espécimes da fauna silvestre, ovos e larvas;
- proteger a fauna migratória e as espécies inseridas na relação prevista no inciso XVI;
- exercer o controle ambiental da pesca em âmbito nacional ou regional;
- gerir o patrimônio genético e o acesso ao conhecimento tradicional associado, respeitadas as atribuições setoriais;
- exercer o controle ambiental sobre o transporte marítimo de produtos perigosos; e
- exercer o controle ambiental sobre o transporte interestadual, fluvial ou terrestre, de produtos perigosos.

Já aos **estados** competirá:

- executar e fazer cumprir, em âmbito estadual, a Política Nacional do Meio Ambiente e demais políticas nacionais relacionadas à proteção ambiental;
- exercer a gestão dos recursos ambientais no âmbito de suas atribuições;
- formular, executar e fazer cumprir, em âmbito estadual, a Política Estadual de Meio Ambiente;
- promover, no âmbito estadual, a integração de programas e ações de órgãos e entidades da administração pública da União, dos Estados, do Distrito Federal e dos Municípios, relacionados à proteção e à gestão ambiental;
- articular a cooperação técnica, científica e financeira, em apoio às Políticas Nacional e Estadual de Meio Ambiente;
- promover o desenvolvimento de estudos e pesquisas direcionados à proteção e à gestão ambiental, divulgando os resultados obtidos;

- organizar e manter, com a colaboração dos órgãos municipais competentes, o Sistema Estadual de Informações sobre Meio Ambiente;
- prestar informações à União para a formação e atualização do Sinima;
- elaborar o zoneamento ambiental de âmbito estadual, em conformidade com os zoneamentos de âmbito nacional e regional;
- definir espaços territoriais e seus componentes a serem especialmente protegidos;
- promover e orientar a educação ambiental em todos os níveis de ensino e a conscientização pública para a proteção do meio ambiente;
- controlar a produção, a comercialização e o emprego de técnicas, métodos e substâncias que comportem risco para a vida, a qualidade de vida e o meio ambiente, na forma da lei;
- exercer o controle e fiscalizar as atividades e empreendimentos cuja atribuição para licenciar ou autorizar, ambientalmente, for cometida aos Estados;
- elaborar a relação de espécies da fauna e da flora ameaçadas de extinção no respectivo território, mediante laudos e estudos técnico-científicos, fomentando as atividades que conservem essas espécies *in situ*;
- controlar a apanha de espécimes da fauna silvestre, ovos e larvas destinadas à implantação de criadouros e à pesquisa científica, respeitada a competência federal;
- aprovar o funcionamento de criadouros da fauna silvestre;
- exercer o controle ambiental da pesca em âmbito estadual; e
- exercer o controle ambiental do transporte fluvial e terrestre de produtos perigosos, observada a competência federal para exercer o controle ambiental sobre o transporte interestadual, fluvial ou terrestre, de produtos perigosos.

Por sua vez, são competências ambientais dos **municípios**:

- executar e fazer cumprir, em âmbito municipal, as Políticas Nacional e Estadual de Meio Ambiente e demais políticas nacionais e estaduais relacionadas à proteção do meio ambiente;

- exercer a gestão dos recursos ambientais no âmbito de suas atribuições;
- formular, executar e fazer cumprir a Política Municipal de Meio Ambiente;
- promover, no Município, a integração de programas e ações de órgãos e entidades da administração pública federal, estadual e municipal, relacionados à proteção e à gestão ambiental;
- articular a cooperação técnica, científica e financeira, em apoio às Políticas Nacional, Estadual e Municipal de Meio Ambiente;
- promover o desenvolvimento de estudos e pesquisas direcionados à proteção e à gestão ambiental, divulgando os resultados obtidos;
- organizar e manter o Sistema Municipal de Informações sobre Meio Ambiente;
- prestar informações aos Estados e à União para a formação e atualização dos Sistemas Estadual e Nacional de Informações sobre Meio Ambiente;
- elaborar o Plano Diretor, observando os zoneamentos ambientais;
- definir espaços territoriais e seus componentes a serem especialmente protegidos;
- promover e orientar a educação ambiental em todos os níveis de ensino e a conscientização pública para a proteção do meio ambiente;
- controlar a produção, a comercialização e o emprego de técnicas, métodos e substâncias que comportem risco para a vida, a qualidade de vida e o meio ambiente, na forma da lei;
- exercer o controle e fiscalizar as atividades e empreendimentos cuja atribuição para licenciar ou autorizar, ambientalmente, for cometida ao Município.

ATENÇÃO

Vale registrar que o Distrito Federal, por não possuir municípios, irá concentrar as competências estaduais e municipais. No que concerne às competências para o licenciamento ambiental, o tema será tratado no Capítulo IV.

2.1.2. Competências legislativas ambientais

Em regra, todas as pessoas políticas terão competência para legislar sobre o meio ambiente. Nesse sentido, na forma do artigo 24, incisos VI, VII e VIII, da Constituição Federal, compete à União, aos estados e ao Distrito Federal legislar sobre:

- Florestas, caça, pesca, fauna, conservação da natureza, defesa do solo e dos recursos naturais, proteção do meio ambiente e controle da poluição;
- Proteção ao patrimônio histórico, cultural, artístico, turístico e paisagístico;
- Responsabilidade por dano ao meio ambiente, ao consumidor, a bens e direitos de valor artístico, estético, histórico, turístico e paisagístico.

Já a competência legiferante municipal não está prevista no artigo 24, da Lei Maior, e sim no artigo 30, incisos I e II, vez que compete aos municípios legislar sobre assuntos de interesse local e suplementar a legislação federal e a estadual no que couber.

POSIÇÃO DO STF

De acordo com o STF (RE 607940/DF, rel. Min. Teori Zavascki, 29.10.2015), "os Municípios com mais de 20 mil habitantes e o Distrito Federal podem legislar sobre programas e projetos específicos de ordenamento do espaço urbano por meio de leis que sejam compatíveis com as diretrizes fixadas no plano diretor. Mencionou que a Constituição prevê competência concorrente aos entes federativos para fixar normas gerais de urbanismo (art. 24, I e § 1º, e 30, II) e que, a par dessa competência, aos Municípios fora atribuída posição de preponderância a respeito de matérias urbanísticas. Asseverou, ainda, que nem toda matéria urbanística relativa às formas de parcelamento, ao uso ou à ocupação do solo deveria estar inteiramente regrada no plano diretor. Enfatizou que determinados modos de aproveitamento do solo urbano, pelas suas singularidades, poderiam receber disciplina jurídica autônoma, desde que compatível com o plano diretor" (Informativo 805).

Destarte, competirá à União editar normas gerais sobre o meio ambiente; aos estados e ao Distrito Federal caberá a edição de leis ambientais de acordo com os interesses regionais, respeitado o regramento geral federal; aos municípios competirá a promulgação de normas ambientais que observem as condições ambientais locais, cabendo ainda suplementar as normas federais e estaduais.

Como não há hierarquia entre as leis federais, estaduais e municipais, o conflito entre as mesmas, se inconciliável, deverá ser resolvido pela verificação concreta da invasão de competência.

Se uma lei federal, por exemplo, foi extremamente analítica ao entrar em temas regionais que deveriam ser tratados pelas leis estaduais, é a federal que deverá ser formalmente pronunciada inconstitucional. Ao revés, se uma lei estadual conflita com uma lei federal, versando sobre tema enquadrado como norma geral sobre meio ambiente, é a norma estadual que deverá ser invalidada.

Vale salientar que, de acordo com os §§ 2º, 3º e 4º, do artigo 24, da Lei Maior, a competência da União para legislar sobre normas gerais não exclui a competência suplementar dos estados, bem como inexistindo lei federal sobre normas gerais, os estados exercerão a competência legislativa plena, para atender a suas peculiaridades, sendo que a superveniência de lei federal sobre normas gerais suspende a eficácia da lei estadual, no que lhe for contrário.

Por conseguinte, se a União quedar-se inerte e não edital uma lei geral sobre determinado tema ambiental, os estados e o Distrito federal exercerão a competência legislativa plena até a edição ulterior da norma federal, sendo que a eventual incompatibilidade gerará a suspensão da eficácia da norma estadual, que poderá ser reativada com a ulterior revogação da norma federal.

POSIÇÃO DO STF

Diante da competência concorrente para legislar sobre proteção ambiental, decidiu o STF no julgamento da **ADI 5.996 (15/04/2020)** *que é constitucional lei do Estado do Amazonas que proíbe a utilização de animais para desenvolvimento, experimentos e testes de produtos cosméticos, de higiene pessoal, perfumes e seus componentes.*

POSIÇÃO DO STF

Ofende a Constituição Federal ato governamental que suspende o período de defeso sem a demonstração científica da desnecessidade de proibição da pesca no período, *conforme firmado pelo STF no julgamento da* **ADI 5.447 (22/05/2020).**

POSIÇÃO DO STF

No entanto, no julgamento da **ADI 5.977, em 14/08/2020,** *decidiu o STF pela "inconstitucionalidade do artigo 3º da Lei Estadual 16.784/2018 e a nulidade parcial, sem redução de texto, do artigo 1º da mesma lei, com o fim de excluir de sua incidência a coleta de animais nocivos por pessoas físicas ou jurídicas, mediante licença da autoridade competente, e daquelas destinadas a fins científicos, previstas respectivamente no art. 3º, § 2º, e art. 14, ambos da Lei 5.197/1967".*

Isso porque, no exercício da competência concorrente para legislar sobre a caça, a normatização geral da União (Lei 5.197/67) restou afrontada nos citados artigos da lei estadual, conquanto a regra paulista fosse mais protetiva dos animais.

POSIÇÃO DO STF

Não havendo norma federal disciplinadora, é constitucional lei estadual que proíba a utilização de animais para desenvolvimento, experimento e teste de produtos cosméticos, higiene pessoal, perfumes, limpeza e seus componentes. *ADI 5995/RJ, relator Min. Gilmar Mendes, julgamento em 26 e 27.5.2021.*

POSIÇÃO DO STF

Ação direta de inconstitucionalidade. Artigo 204 da Constituição do Estado de São Paulo, o qual proíbe a caça, sob qualquer pretexto, em todo o Estado. Competência concorrente para legislar sobre caça. Ausência de invasão de competência legislativa da União. Interpretação conforme à Constituição. 1. A Lei Federal nº 5.197/67 proíbe a utilização, a perseguição, a destruição, a caça ou a apanha de animais silvestres, bem como de seus ninhos, abrigos e criadouros naturais. A norma prevê a possibilidade de exceção a essa proibição nos casos em que as peculiaridades regionais comportarem o exercício da caça, a qual está condicionada à permissão expressa do poder público federal mediante ato regulamentador (art. 1º, § 1º). Trata-se de norma geral que propicia a edição de normas suplementares pelos estados destinadas a pormenorizar o conteúdo da lei federal e a adequar seus termos às peculiaridades regionais. **2. O art. 204 da Constituição do Estado de São Paulo é norma protecional da fauna silvestre remanescente no território estadual, e, ao proibir a caça, atende às peculiaridades regionais e às diretrizes da Constituição Federal para a defesa e a preservação das espécies animais em risco de extinção. Agiu o constituinte estadual dentro dos limites de sua competência constitucional concorrente para legislar sobre caça, nos termos do art. 24, VI, da Carta Maior.** *3. O art. 204 da Constituição do Estado de São Paulo, ao proibir a caça, "sob qualquer pretexto", em todo o Estado, não teve a intenção de vedar as atividades de "destruição" para fins de controle e de "coleta" para fins científicos, as quais, ao invés de implicarem riscos ao meio ambiente, destinam-se ao reequilíbrio do ecossistema e, se devidamente fiscalizadas, cumprem relevante função de proteção ao meio ambiente. 4. Ação direta julgada parcialmente procedente, conferindo-se interpretação conforme à Constituição à expressão "sob qualquer pretexto", esclarecendo-se que não se incluem na vedação estabelecida na norma estadual a destruição para fins de controle e a coleta para fins científicos, as quais estão previstas, respectivamente, nos arts. 3º, § 2º, e 14 da Lei Federal nº 5.197/1967. ADI 350/SP, relator Min. Dias Toffoli, julgamento virtual finalizado em 18.6.2021 (sexta-feira), às 23:59.*

POSIÇÃO DO STF

O STF reconheceu no julgamento da **ADI 3.336/RJ (14/02/2020)** *que os estados da federação são competentes para legislar sobre a cobrança do uso da água, considerando a sua dominialidade do bem nas situações do artigo 26 da Constituição, desde que respeitado o regramento geral da União dado pela Lei 9.433/97 (Política Nacional de Recursos Hídricos).*

POSIÇÃO DO STF

Ofende a Constituição Federal ato governamental que autoriza a aprovação tácita de registro de agrotóxicos, *tanto as regras de proteção à saúde quanto do meio ambiente, em especial a determinação constitucional do controle de qualquer atividade nociva e ao Princípio da Precaução, conforme acertadamente firmado pelo STF no julgamento da ADPF/MC 656 (31/08/2020).*

POSIÇÃO DO STF

"É constitucional – formal e materialmente – lei municipal que obriga à substituição de sacos e sacolas plásticos por sacos e sacolas biodegradáveis" *(RE 732686/SP, relator Min. Luiz Fux, julgamento finalizado em 19.10.2022), pois a restrição da circulação de sacolas plásticas se amolda aos requisitos para a competência supletiva dos municípios, dada a gravidade dos impactos ambientais e a maior facilidade em reunir os agentes da cadeia produtiva do plástico, considerando que os municípios — no limite de seu interesse local e desde que em harmonia com a disciplina estabelecida pelos demais entes federados — possuem competência para legislar sobre meio ambiente, e, caso sua regulamentação seja mais protetiva, pode ter prevalência sobre a legislação federal ou estadual.* **(Informativo 1073 STF).**

POSIÇÃO DO STF

É inconstitucional — por invadir a competência legislativa geral da União (CF/1988, art. 24, VI, §§ 1º e 2º) e violar o direito ao meio ambiente ecologicamente equilibrado (CF/1988, art. 225, § 1º, IV) — norma estadual que cria dispensa do licenciamento ambiental para atividade potencialmente causadora de significativa degradação do meio ambiente. ADI 4529/MT, relatora Min. Rosa Weber, julgamento virtual finalizado em 21.11.2022 (segunda-feira), às 23:59.

POSIÇÃO DO STF

É inconstitucional — por violar a competência da União para legislar sobre normas gerais de proteção ao meio ambiente e sobre direito penal e processual penal (CF/1988, arts. 24, VI e VII; e 22, I) — lei estadual que proíbe os órgãos ambientais e a polícia militar de destruírem e inutilizarem bens particulares apreendidos em operações de fiscalização ambiental. ADI 7.203/RO, relator Ministro Gilmar Mendes, julgamento virtual finalizado em 28.2.2023 (terça-feira), às 23:59.

POSIÇÃO DO STF

É constitucional — por dispor sobre a proteção do meio ambiente e a proteção e defesa da saúde, matérias de competência legislativa concorrente entre a União, estados e DF (CF/1988, art. 24, VI e XII), e estabelecer restrição necessária, adequada e proporcional no âmbito de sua competência suplementar e nos limites de seu interesse local (CF/1988, art. 30, I e II) — lei municipal que veda a soltura de fogos de artifício e artefatos pirotécnicos produtores de estampidos. RE 1.210.727/SP, relator Ministro Luiz Fux, julgamento virtual finalizado em 8.5.2023 (segunda-feira), às 23:59.

POSIÇÃO DO STF

É constitucional — por representar norma mais protetiva à saúde e ao meio ambiente do que as diretrizes gerais da legislação federal, bem como estabelecer restrição razoável e proporcional às técnicas de aplicação de pesticidas — norma estadual que veda a pulverização aérea de agrotóxicos na agricultura local e sujeita o infrator ao pagamento de multa. ADI 6.137/CE, relatora Ministra Cármen Lúcia, julgamento virtual finalizado em 26.5.2023 (sexta-feira), às 23:59.

> **POSIÇÃO DO STF**
>
> *É constitucional — uma vez observadas as regras do sistema de repartição competências e a importância do princípio do desenvolvimento sustentável como justo equilíbrio entre a atividade econômica e a proteção do meio ambiente — norma estadual que proíbe a atividade de pesca exercida mediante toda e qualquer rede de arrasto tracionada por embarcações motorizadas na faixa marítima da zona costeira de seu território. ADI 6.218/RS, relator Ministro Nunes Marques, redatora do acórdão Ministra Rosa Weber, julgamento virtual finalizado em 30.6.2023 (sexta-feira), às 23:59.*

> **POSIÇÃO DO STF**
>
> *É constitucional norma estadual que, independentemente da obrigação de reparar o dano, condicione a exploração de recursos minerais ao pagamento de indenização monetária pelos danos causados ao meio ambiente. Contudo, viola o texto constitucional o estabelecimento de fato gerador dessa indenização que se confunda com o da compensação financeira (CF/1988, art. 20, § 1º), o de taxas relativas ao poder de polícia (1) ou com o de qualquer outra espécie tributária. ADI 4.031/PA, relatora Ministra Rosa Weber, julgamento virtual finalizado em 29.9.2023 (sexta-feira), às 23:59.*

> **POSIÇÃO DO STF**
>
> *É constitucional — por não violar o princípio do pacto federativo nem as regras do sistema de repartição de competências — lei estadual que obriga todas as refinarias e distribuidoras de combustíveis operantes em seu território a fornecerem certificado de composição química de cada produto, quando houver entrega de álcool, gasolina "C" comum, gasolina aditivada, gasolina premium e diesel. ADI 3.752/SP, relator Ministro Nunes Marques, julgamento virtual finalizado em 7.11.2023 (terça-feira), às 23:59.*

É indubitável que a competência para legislar sobre pesca é concorrente entre a União, os estados e o Distrito Federal, sendo a Lei 11.959/2009 (Lei de Pesca e Aquicultura Sustentável) a normatização geral da União. No entanto, é competência privativa da União legislar sobre embarcações, mesmo que no âmbito da pesca.

> **POSIÇÃO DO STF**
>
> *Nesse sentido, na* **ADI 861 (06/03/2020)**, *o STF entendeu que o Estado do Amapá é competente para editar regramento sobre o controle do esforço de pesca em consideração ao poder de pesca, o desempenho das embarcações e o volume da fauna acompanhante desperdiçada, estipularem limites de aproveitamento da fauna acompanhante à pesca industrial de arrasto de camarões e veicularem normas destinadas à mitigação do impacto ambiental da atividade. Ao revés, no que tange ao condicionamento do emprego de embarcações estrangeiras arrendadas, na pesca industrial de arrasto de camarões, à satisfação de exigências relativas à transferência de tecnologia e inovações, a lei estadual é formalmente inconstitucional por invasão de competência da União.*

Um ponto bastante controvertido é o conflito entre o direito à liberdade religiosa e a proteção à vida do animal. O tema foi julgado pelo STF através do **RE 494601/RS**, rel. Min. Marco Aurélio, em que se discutiu a possibilidade de lei estadual autorizar o sacrifício de animais em rituais de religiões de matriz africana:

POSIÇÃO DO STF

RE 494601 / RS - RIO GRANDE DO SUL
RECURSO EXTRAORDINÁRIO
Relator(a): Min. MARCO AURÉLIO
Redator(a) do acórdão: Min. EDSON FACHIN
Julgamento: 28/03/2019
Publicação: 19/11/2019
Órgão julgador: Tribunal Pleno
Ementa

Ementa: DIREITO CONSTITUCIONAL. RECURSO EXTRAORDINÁRIO COM REPERCUSSÃO GERAL. PROTEÇÃO AO MEIO AMBIENTE. LIBERDADE RELIGIOSA. LEI 11.915/2003 DO ESTADO DO RIO GRANDE DO SUL. NORMA QUE DISPÕE SOBRE O SACRIFÍCIO RITUAL EM CULTOS E LITURGIAS DAS RELIGIÕES DE MATRIZ AFRICANA. COMPETÊNCIA CONCORRENTE DOS ESTADOS PARA LEGISLAR SOBRE FLORESTAS, CAÇA, PESCA, FAUNA, CONSERVAÇÃO DA NATUREZA, DEFESA DO SOLO E DOS RECURSOS NATURAIS, PROTEÇÃO DO MEIO AMBIENTE E CONTROLE DA POLUIÇÃO. SACRIFÍCIO DE ANIMAIS DE ACORDO COM PRECEITOS RELIGIOSOS. CONSTITUCIONALIDADE. 1. Norma estadual que institui Código de Proteção aos Animais sem dispor sobre hipóteses de exclusão de crime amoldam-se à competência concorrente dos Estados para legislar sobre florestas, caça, pesca, fauna, conservação da natureza, defesa do solo e dos recursos naturais, proteção do meio ambiente e controle da poluição (art. 24, VI, da CRFB). 2. A prática e os rituais relacionados ao sacrifício animal são patrimônio cultural imaterial e constituem os modos de criar, fazer e viver de diversas comunidades religiosas, particularmente das que vivenciam a liberdade religiosa a partir de práticas não institucionais. 3. A dimensão comunitária da liberdade religiosa é digna de proteção constitucional e não atenta contra o princípio da laicidade. 4. O sentido de laicidade empregado no texto constitucional destina-se a afastar a invocação de motivos religiosos no espaço público como justificativa para a imposição de obrigações. A validade de justificações públicas não é compatível com dogmas religiosos. 5. A proteção específica dos cultos de religiões de matriz africana é compatível com o princípio da igualdade, uma vez que sua estigmatização, fruto de um preconceito estrutural, está a merecer especial atenção do Estado. 6. **Tese fixada: "É constitucional a lei de proteção animal que, a fim de resguardar a liberdade religiosa, permite o sacrifício ritual de animais em cultos de religiões de matriz africana".** *7. Recurso extraordinário a que se nega provimento.*

Desse modo, em polêmica decisão, o STF admitiu a validade de lei estadual que permitiu o sacrifício de animais para fins religiosos.

Embora estados e municípios possuam competência para legislar sobre licenciamento ambiental no seu âmbito, posto que também são entes licenciadores, é curial que a normatização geral da União seja respeitada (LC 140/2011; Lei 6.938/81 e Resolução CONAMA 237/97), sob pela de inconstitucionalidade da legislação local.

> **_POSIÇÃO DO STF_**
>
> *É inconstitucional norma estadual que estabelece hipóteses de dispensa e simplificação do licenciamento ambiental para atividades de lavra a céu aberto por invadir a competência legislativa da União para editar normas gerais sobre proteção do meio ambiente, nos termos previstos no art. 24, §§ 1º e 2º, da Constituição Federal. ADI 6650/SC, relatora Min. Cármen Lúcia, julgamento virtual finalizado em 26.4.2021 (segunda-feira), às 23:59.*

De modo surpreendente, o STF validou lei editada pelo Estado da Bahia que instituiu procedimento simplificado de licenciamento ambiental para a regularização de empreendimentos irregulares em funcionamento, conquanto não haja essa previsão geral na Resolução CONAMA 237/97.

> **_Qual o entendimento do STF sobre o assunto?_**
>
> *É constitucional — pois não viola o princípio do pacto federativo e as regras do sistema de repartição de competências —* **norma estadual que cria modelo simplificado de licenciamento ambiental para regularização de atividades ou empreendimentos em instalação ou funcionamento, e para atividades de baixo e médio potencial poluidor.** *ADI 5.014/BA, relator Ministro Dias Toffoli, julgamento virtual finalizado em 10.11.2023 (sexta-feira), às 23:59.*

Por exceção, determinadas competências ambientais foram reservadas em favor da União, ente político central. Com propriedade, a teor do artigo 22, incisos III, XII e XXVI, é competência privativa da União legislar sobre águas, energia, **jazidas, minas e outros recursos minerais, assim como atividades nucleares de qualquer natureza.**

> **_POSIÇÃO DO STF_**
>
> *"ENERGIA NUCLEAR. COMPETÊNCIA LEGISLATIVA DA UNIÃO. ART. 22, XXVI, DA CONSTITUIÇÃO FEDERAL. É inconstitucional norma estadual que dispõe sobre atividades relacionadas ao setor nuclear no âmbito regional, por violação da competência da União para legislar sobre atividades nucleares, na qual se inclui a competência para fiscalizar a execução dessas atividades e legislar sobre a referida fiscalização. Ação direta julgada procedente" (ADI 1.575, de 07.04.2010).*
>
> **É inconstitucional norma estadual que dispõe sobre a implantação de instalações industriais destinadas à produção de energia nuclear no âmbito espacial do território estadual.** *ADI 330/RS, rel. min. Celso de Mello, julgamento virtual em 9.10.2020. (ADI-3030).*

POSIÇÃO DO STF

A competência legislativa concorrente cria o denominado "condomínio legislativo" entre a União e os Estados-Membros, cabendo à primeira a edição de normas gerais sobre as matérias elencadas no art. 24 da Constituição Federal; e aos segundos o exercício da competência complementar – quando já existente norma geral a disciplinar determinada matéria (CF, art. 24, § 2º) – e da competência legislativa plena (supletiva) – quando inexistente norma federal a estabelecer normatização de caráter geral (CF, art. 24, § 3º). 2. A possibilidade de complementação da legislação federal para o atendimento de interesse regional (art. 24, § 2º, da CF) não permite que Estado-Membro simplifique o licenciamento ambiental para atividades de lavra garimpeira, esvaziando o procedimento previsto em legislação nacional. Precedentes. **3. Compete privativamente à União legislar sobre jazidas, minas, outros recursos minerais e metalurgia (art. 22, XII, da CF), em razão do que incorre em inconstitucionalidade norma estadual que, a pretexto de regulamentar licenciamento ambiental, regulamenta aspectos da própria atividade de lavra garimpeira.** *Precedentes. 4. Medida cautelar confirmada. Ação julgada procedente. ADI 6672/RR, relator Min. Alexandre de Moraes, julgamento virtual finalizado em 14.9.2021 (terça-feira) às 23:59.*

POSIÇÃO DO STF

É inconstitucional norma de constituição estadual que disponha sobre o depósito de lixo atômico e a instalação de usinas nucleares. *ADI 6909/PI, relator Min. Alexandre de Moraes, julgamento virtual finalizado em 17.9.2021 (sexta-feira), às 23:59.*

POSIÇÃO DO STF

É inconstitucional — por invadir a competência da União privativa para legislar sobre telecomunicações (CF/1988, art. 22, IV) e exclusiva para definir a forma e o modo da exploração desses serviços (CF/1988, art. 21, XI c/c o art. 175) — legislação municipal que estabelece a obrigatoriedade de condicionantes para a instalação e o funcionamento de antenas, postes, torres, contêineres e demais equipamentos relacionados às Estações Transmissoras de Radiocomunicação (ETR). ADPF 1.063/SP, relator Ministro Alexandre de Moraes, julgamento virtual finalizado em 17.10.2023 (terça-feira), às 23:59.

POSIÇÃO DO STF

É inconstitucional — por violar a competência da União privativa para legislar sobre telecomunicações (CF/1988, art. 22, IV) e exclusiva para explorar esses serviços (CF/1988, art. 21, XI) — norma estadual que institui a obrigatoriedade de licenciamento ambiental para a instalação de Rede de Transmissão de Sistemas de Telefonia e de Estações Rádio Base (ERBs) e Equipamentos de Telefonia sem Fio em seu território local. ADI 7.321/AL, relator Ministro Gilmar Mendes, julgamento virtual finalizado em 2.6.2023 (sexta-feira), às 23:59.

Qual o entendimento do STF sobre o assunto

É inconstitucional — por invadir a competência privativa da União para legislar sobre águas e energia (CF/1988, art. 22, IV) e para dispor sobre os bens federais (CF/1988, art. 20, III e VIII), bem como por ocupar indevidamente o espaço normativo da Agência Nacional de Águas (ANA) — lei estadual que proíbe a construção de instalações hidrelétricas em toda a extensão de curso de água de domínio da União. ADI 7.319/MT, relator Ministro Edson Fachin, redator do acórdão Ministro Gilmar Mendes, julgamento virtual finalizado em 8.5.2023 (segunda-feira), às 23:59.

POSIÇÃO DO STF

É inconstitucional a concessão automática de licença ambiental no sistema responsável pela integração (Redesim) para o funcionamento de empresas que exerçam atividades de risco médio nos termos da classificação estabelecida em ato do Poder Público. *ADI 6808/DF, relatora Min. Cármen Lúcia, julgamento em 28.4.2022.*

POSIÇÃO DO STF

"É inconstitucional interpretação do art. 264 da Constituição do Estado do Ceará de que decorra a supressão da competência dos Municípios para regular e executar o licenciamento ambiental de atividades e empreendimentos de impacto local." *ADI 2142/CE, relator Min. Roberto Barroso, julgamento virtual finalizado em 24.6.2022 (sexta-feira), às 23:59.*

POSIÇÃO DO STF

É inconstitucional — por violar a competência privativa da União para legislar sobre direito penal e processual penal (CF/1988, art. 22, I) — norma estadual que cria responsabilização penal para a conduta de causar incêndio em florestas, matas e demais formas de vegetação no âmbito local e fixa hipótese de inafiançabilidade ao delito" (*ADI 7.712 MC-Ref/GO, relator Ministro Gilmar Mendes, julgamento virtual finalizado em 11.10.2024 (sexta-feira), às 23:59).*

POSIÇÃO DO STF

Ademais, "é inconstitucional — por violar a competência privativa da União para legislar sobre comércio exterior e interestadual (CF/1988, art. 22, VIII) — lei estadual que prevê exceções à proibição da comercialização de pneus usados importados". *(ADI 3.801/RS, relator Ministro Nunes Marques, julgamento virtual finalizado em 16.08.2024 (sexta-feira), às 23:59.*

2.2. MEIO AMBIENTE ARTIFICIAL

O ambiente artificial é criado pelo ser humano com o manejo dos recursos da natureza. É composto por bens tangíveis ou intangíveis que não integram o patrimônio cultural, destacando-se as cidades.

De acordo com o artigo 182, da Constituição Federal, a política de desenvolvimento urbano, executada pelo Poder Público municipal, conforme diretrizes gerais fixadas em lei, tem por objetivo ordenar o pleno desenvolvimento das funções sociais da cidade e garantir o bem- estar de seus habitantes.

Assim, são os municípios, entes políticos locais, quem deverão promover o desenvolvimento urbano municipal, sendo plano diretor o instrumento básico da política de desenvolvimento e de expansão urbana, a ser aprovado pela Câmara de Vereadores, obrigatório para municípios com mais de 20.000 habitantes.

Ademais, nos moldes do artigo 41, da Lei 10.257/01 (Estatuto da Cidade), a aprovação de plano diretor também é obrigatória para os municípios integrantes de regiões metropolitanas e aglomerações urbanas, onde o Poder Público municipal pretenda utilizar os instrumentos previstos no § 4º do artigo 182 da Constituição Federal, integrantes de áreas de especial interesse turístico, incluídas no cadastro nacional de Municípios com áreas suscetíveis à ocorrência de deslizamentos de grande impacto, inundações bruscas ou processos geológicos ou hidrológicos correlatos e inseridas na área de influência de empreendimentos ou atividades com significativo impacto ambiental de âmbito regional ou nacional, mesmo que contem com menos de 20.000 habitantes.

A Constituição Federal não lista os pressupostos para que a propriedade urbana atenda a sua função social. Na forma do artigo 182, 2º, a propriedade urbana cumpre sua função social quando atende às exigências fundamentais de ordenação da cidade expressas no plano diretor.

Assim, a inobservância do plano diretor implicará no não atendimento da função social da propriedade urbana, podendo o município exigir do proprietário do solo urbano não edificado, subutilizado ou não utilizado, que promova seu adequado aproveitamento, sob pena, sucessivamente, de parcelamento ou edificação compulsórios; de imposto sobre a propriedade predial e territorial urbana progressivo no tempo e de desapropriação com pagamento mediante títulos da dívida pública de emissão previamente aprovada pelo Senado Federal, com prazo de resgate de até dez anos, em parcelas anuais, iguais e sucessivas, assegurados o valor real da indenização e os juros legais.

Vale lembrar que o direito fundamental de propriedade só é garantido pelo Estado se atendida a sua função social, conforme previsto no artigo 5º, incisos XXII e XXIII, da Constituição Federal de 1988.

Deverá o plano diretor contemplar o território municipal como um todo, devendo a lei que instituir o plano diretor deverá ser revista, pelo menos, a cada dez anos. A sua elaboração deverá garantir a promoção de audiências públicas e debates com a participação da população e de associações representativas dos vários segmentos da comunidade, assim como a publicidade quanto aos documentos e informações produzidos.

De efeito, o plano diretor deverá, ao menos, delimitar as áreas urbanas onde poderá ser aplicado o parcelamento, edificação ou utilização compulsórios, considerando a existência de infra-estrutura e de demanda para utilização; o sistema de acompanhamento e controle; fixar áreas nas quais o direito de construir poderá ser exercido acima do coeficiente de aproveitamento básico adotado, mediante contrapartida a ser prestada pelo beneficiário; prever o direito de preempção, que confere ao Poder Público municipal preferência para aquisição de imóvel urbano objeto de alienação onerosa entre particulares; fixar áreas nas quais poderá ser permitida alteração de uso do solo, mediante contrapartida a ser prestada pelo beneficiário e a transferência do direito de construir.

2.3. MEIO AMBIENTE CULTURAL

O patrimônio cultural é formado por bens materiais ou imateriais criados pelo homem e que possuem elementos históricos, paisagísticos, artísticos, arqueológicos, paleontológicos, ecológicos e científicos que justifiquem a sua proteção.

De acordo com o artigo 216, da Constituição Federal, constituem o **patrimônio cultural brasileiro** os bens de natureza material e imaterial, tomados individualmente ou em conjunto, portadores de referência à identidade, à ação, à memória dos diferentes grupos formadores da sociedade brasileira.

No mesmo dispositivo constitucional há uma listagem meramente exemplificativa de bens componentes do patrimônio cultural brasileiro: as formas de expressão; os modos de criar, fazer e viver; as criações científicas, artísticas e tecnológicas; as obras, objetos, documentos, edificações e demais espaços destinados às manifestações artístico-culturais; os conjuntos urbanos e sítios de valor histórico, paisagístico, artístico, arqueológico, paleontológico, ecológico e científico.

Vale lembrar que a proteção do patrimônio cultural é competência material comum entre a União, os estados, o Distrito Federal e os municípios. A Constituição Federal exemplifica alguns instrumentos protetivos que o Poder Público deverá se valer: inventários, registros, vigilância, tombamento e desapropriação.

POSIÇÃO DO STF

O expropriado não tem o dever de pagar pela reparação do dano ambiental no bem desapropriado, podendo responder, no entanto, por eventual dano moral coletivo. *AREsp 1.886.951-RJ, Rel. Ministro Gurgel de Faria, Primeira Turma, por maioria, julgado em 11/6/2024, DJe 20/6/2024.*

O **tombamento** é o instrumento de maior uso e regulado pelo Decreto-lei 25.1937, devendo ser utilizado pela União, estados, Distrito Federal e municípios para a proteção do patrimônio cultural tangível.

Em *sentido amplo*, pode ser definido como um procedimento administrativo que veicula uma modalidade não supressiva de intervenção concreta do Estado na propriedade privada ou mesmo pública, de índole declaratória, que tem o condão de limitar o uso, o gozo e a disposição de um bem, gratuito (em regra), permanente e indelegável, destinado à preservação do patrimônio cultural material (móvel ou imóvel), dos monumentos naturais e dos sítios e paisagens de feição notável, pela própria natureza ou por intervenção humana.

Já em *sentido estrito*, o tombamento é o ato administrativo de inscrição de um bem material em um dos Livros de Tombo.

Por sua vez, o **registro** objetiva tutelar o patrimônio cultural intangível, sendo regulado em termos federais pelo Decreto 3.551/2000. São exemplos de bens registrados pelo Instituto do Patrimônio Histórico e Artístico Nacional – IPHAN: Acarajé, Capoeira, Feira de Caruaru, Frevo, Círio de Nazaré e o modo artesanal de fazer o Queijo de Minas.

O artigo 216, §5º, da Constituição Federal, ainda promoveu diretamente o tombamento de todos os documentos e os sítios detentores de reminiscências históricas dos antigos quilombos.

Foi facultado aos estados e ao Distrito Federal vincular a fundo estadual de fomento à cultura até cinco décimos por cento de sua receita tributária líquida, para o financiamento de programas e projetos culturais, vedada a aplicação desses recursos no pagamento de despesas de pessoa, serviço da dívida ou despesas não vinculadas à cultura.

Com o advento da Emenda 48/2005, foi prevista a edição de lei para aprovar o **Plano Nacional de Cultura**, de duração plurianual, visando ao desenvolvimento cultural do País e à integração das ações do poder público que conduzem à defesa e valorização do patrimônio cultural brasileiro, a produção, promoção e difusão de bens culturais; a formação de pessoal qualificado para a gestão da cultura em suas múltiplas dimensões, a democratização do acesso aos bens de cultura e a valorização da diversidade étnica e regional. Finalmente, com o advento da Lei 12.343/2010, foi aprovado o Plano Nacional de Cultura.

2.4. MEIO AMBIENTE NATURAL

O principal dispositivo da Constituição Federal de 1988 acerca do meio ambiental natural é o artigo 225, fortemente influenciado pela Constituição portuguesa de 1976. Logo na cabeça do artigo, foi instituído o **direito fundamental ao meio ambiente ecologicamente equilibrado**, bem de uso comum do povo e essencial à sadia qualidade de vida, impondo-se ao Poder Público e à coletividade o dever de defendê-lo e preservá-lo para as presentes e futuras gerações.

Trata-se de direito fundamental de terceira geração, pois de tutela coletiva, imaterial e titularidade por toda a coletividade brasileira, que ao mesmo tempo é credora e devedora desse direito, sendo de responsabilidade do Estado e da sociedade brasileira efetivá-lo.

POSIÇÃO DO STF

De acordo com o STF, "o direito à integridade do meio ambiente – típico direito de terceira geração – constitui prerrogativa jurídica de titularidade coletiva, refletindo, dentro do processo de afirmação dos direitos humanos, a expressão significativa de um poder atribuído, não ao indivíduo identificado em sua singularidade, mas, num sentido verdadeiramente mais abrangente, à própria coletividade social. Enquanto os direitos de primeira geração (direitos civis e políticos) – que compreendem as liberdades clássicas, negativas ou formais – realçam o princípio da liberdade e os direitos de segunda geração (direitos econômicos, sociais e culturais) – que se identificam com as liberdades positivas, reais ou concretas – acentuam o princípio da igualdade, os direitos de terceira geração, que materializam poderes de titularidade coletiva atribuídos genericamente a todas as formações sociais, consagram o princípio da solidariedade e constituem um momento importante no processo de desenvolvimento, expansão e reconhecimento dos direitos humanos, caracterizados, enquanto valores fundamentais indisponíveis, pela nota de uma essencial inexauribilidade". [MS 22.164, rel. min. Celso de Mello, j. 30-10-1995, P, DJ de 17-11-1995]

Já no §1º, do artigo 225, da Constituição, com o objetivo de realizar o direito fundamental ao meio ambiente ecologicamente equilibrado, o legislador constitucional cominou **deveres ambientais ao Poder Público**:

> I - preservar e restaurar os processos ecológicos essenciais e prover o manejo ecológico das espécies e ecossistemas;
>
> II - preservar a diversidade e a integridade do patrimônio genético do País e fiscalizar as entidades dedicadas à pesquisa e manipulação de material genético;

III - definir, em todas as unidades da Federação, espaços territoriais e seus componentes a serem especialmente protegidos, sendo a alteração e a supressão permitidas somente através de lei, vedada qualquer utilização que comprometa a integridade dos atributos que justifiquem sua proteção;

IV - exigir, na forma da lei, para instalação de obra ou atividade potencialmente causadora de significativa degradação do meio ambiente, estudo prévio de impacto ambiental, a que se dará publicidade;

V - controlar a produção, a comercialização e o emprego de técnicas, métodos e substâncias que comportem risco para a vida, a qualidade de vida e o meio ambiente;

VI - promover a educação ambiental em todos os níveis de ensino e a conscientização pública para a preservação do meio ambiente;

VII - proteger a fauna e a flora, vedadas, na forma da lei, as práticas que coloquem em risco sua função ecológica, provoquem a extinção de espécies ou submetam os animais a crueldade.

VIII - manter regime fiscal favorecido para os biocombustíveis e para o hidrogênio de baixa emissão de carbono, na forma de lei complementar, a fim de assegurar-lhes tributação inferior à incidente sobre os combustíveis fósseis, capaz de garantir diferencial competitivo em relação a estes, especialmente em relação às contribuições de que tratam o art. 195, I, "b", IV e V, e o art. 239 e aos impostos a que se referem os arts. 155, II, e 156-A. **(Redação dada pela Emenda Constitucional nº 132, de 2023).**

O STF já decidiu mais de uma vez que a vedação à crueldade contra os animais tem aplicabilidade imediata, independentemente de lei regulamentadora (vide ADI 1.856, de 03.09.1998 e RE 153.531, de 03.06.1997). Já foram declaradas inconstitucionais a farra do boi e a briga de galo por ensejarem atos cruéis contra os animais que não são justificados pela prática cultural. Há um conflito entre as práticas culturais e a proteção ao animal, sendo ponderado nesses dois casos a prevalência deste último direito fundamental.

POSIÇÃO DO STF

Mais recentemente, por 6 votos contra 5, a vaquejada também foi declarada inconstitucional no julgamento do ADI 4.983, em 6/10/2016, invalidando lei do Estado do Ceará que regulamentava a vaquejada: *A maioria dos ministros acompanhou o voto do relator, ministro Marco Aurélio, que considerou haver "crueldade intrínseca" aplicada aos animais na vaquejada. Em seu voto vencedor, o ministro Marco Aurélio afirmou que laudos técnicos contidos no processo demonstram consequências nocivas à saúde dos animais: fraturas nas patas e rabo, ruptura de ligamentos e vasos sanguíneos, eventual arrancamento do rabo e comprometimento da medula óssea. Também os cavalos, de acordo com os laudos, sofrem lesões.*

Curiosamente, no dia 30 de novembro de 2016, foi publicada a Lei 13.364/2016, alterada pela Lei 13.873/2019, que elevou **o Rodeio, o Laço e a Vaquejada**, bem como as respectivas expressões artístico-culturais, à condição de manifestações da cultura nacional e de **patrimônio cultural imaterial**, abarcando, inclusive, as seguintes expressões: I – montarias; II – provas de laço; III – apartação; IV – bulldog; V – provas de rédeas; VI – provas dos Três Tambores, Team Penning e Work Penning; VII – paleteadas; e VIII – outras provas típicas, tais como Queima do Alho e concurso do berrante, bem como apresentações folclóricas e de músicas de raiz. Resta saber qual será o posicionamento do STF a respeito do tema, pois se a decisão de pronúncia de inconstitucionalidade da vaquejada cearense for *erga omnes*, certamente essa passagem da Lei 13.364/2016 será invalidada.

Posteriormente ao aprovar a **Emenda Constitucional 96/2017**, que inseriu o **§7º** no artigo 225, da Constituição, dispondo que "para fins do disposto na parte final do inciso VII do § 1º deste artigo, não se consideram cruéis as práticas desportivas que utilizem animais, desde que sejam manifestações culturais, conforme o § 1º do art. 215 desta Constituição Federal, registradas como bem de natureza imaterial integrante do patrimônio cultural brasileiro, devendo ser regulamentadas por lei específica que assegure o bem-estar dos animais envolvidos".

Houve uma Reclamação no STF para afastar a vaquejada em uma situação concreta no Estado do Piauí, buscando a aplicação de decisão tomada na ADI 4.983, mas não foi provida pela Suprema Corte.

POSIÇÃO DO STF

Rcl 25869 AgR / PI - PIAUÍ
AG.REG. NA RECLAMAÇÃO
Relator(a): Min. ALEXANDRE DE MORAES
Julgamento: 11/09/2017 Órgão Julgador: Primeira Turma

PROCESSUAL CIVIL E CONSTITUCIONAL. AGRAVO REGIMENTAL NA RECLAMAÇÃO. MANIFESTAÇÃO CULTURAL ENVOLVENDO ANIMAIS. "VAQUEJADA". ALEGADA CONTRARIEDADE À ADI 4.983/CE. INOCORRÊNCIA. AUSÊNCIA DE ESTRITA ADERÊNCIA ENTRE O DECIDIDO NO ATO RECLAMADO E NO PARADIGMA APONTADO. AGRAVO REGIMENTAL A QUE SE NEGA PROVIMENTO.

ATENÇÃO

Por sua vez, foi prevista a responsabilidade civil, administrativa e criminal por condutas prejudiciais ao ambiente, pois, de acordo com o §3º, "as condutas e atividades consideradas lesivas ao meio ambiente sujeitarão os infratores, pessoas físicas ou jurídicas, a sanções penais e administrativas, independentemente da obrigação de reparar os danos causados".

Em regra, as instâncias de responsabilização nas três esferas são independentes, salvo previsão legal contrária, sendo possível que uma pessoa jurídica responda por um crime ambiental, conforme expresso permissivo constitucional.

Outrossim, foi prevista especificamente a responsabilidade civil por danos ambientais do minerador (§2º), tendo em conta a lesividade ambiental da mineração, pois

> "aquele que explorar recursos minerais fica obrigado a recuperar o meio ambiente degradado, de acordo com solução técnica exigida pelo órgão público competente, na forma da lei".

ATENÇÃO

*O legislador constituinte assim se preocupou com a preservação e o desenvolvimento sustentável dos grandes Biomas do Brasil, declarando a Floresta Amazônica brasileira, a Mata Atlântica, a Serra do Mar, o Pantanal Mato-Grossense e a Zona Costeira como **patrimônio nacional**, e sua utilização far-se-á, na forma da lei, dentro de condições que assegurem a preservação do meio ambiente, inclusive quanto ao uso dos recursos naturais (§4º).*

É preciso, contudo, saber interpretar a intenção do constituinte quando aduziu que esses importantes Biomas são "patrimônio nacional", que não converteu essas áreas em bens públicos.

POSIÇÃO DO STF

De acordo com o STF, ao julgar o recurso extraordinário 134.297, de 09.10.1995, "a norma inscrita no ART.225, PAR.4., da Constituição deve ser interpretada de modo harmonioso com o sistema jurídico consagrado pelo ordenamento fundamental, notadamente com a cláusula que, proclamada pelo art. 5., XXII, da Carta Política, garante e assegura o direito de propriedade em todas as suas projeções, inclusive aquela concernente a compensação financeira devida pelo Poder Público ao proprietário atingido por atos imputáveis a atividade de estatal. O preceito consubstanciado no ART.225, PAR. 4., da Carta da Republica, além de não haver convertido em bens públicos os imóveis particulares abrangidos pelas florestas e pelas matas nele referidas (Mata Atlântica, Serra do Mar, Floresta Amazônica brasileira), também não impede a utilização, pelos próprios particulares, dos recursos naturais existentes naquelas áreas que estejam sujeitas ao domínio privado, desde que observadas as prescrições legais e respeitadas as condições necessárias a preservação ambiental. – A ordem constitucional dispensa tutela efetiva ao direito de propriedade (CF/88, art. 5., XXII)".

Assim, neste caso "patrimônio nacional" não significa "bem público", razão pela qual é garantida a propriedade privada nos Biomas declarados como patrimônio nacional, conquanto a utilização dos recursos naturais apenas possa ser feita observadas as restrições legais.

Vale salientar ainda que o Cerrado e a Caatinga foram Biomas esquecidos pela Constituição Federal, pois não consagrados como patrimônio nacional, lamentável falha do texto supremo.

POSIÇÃO DO STF

Configura omissão normativa quanto às obrigações referentes à ativação do Fundo Amazônia, em patente inobservância ao art. 225, § 4º, da Constituição Federal de 1988, o inadimplemento dos deveres constitucionais de tutela do meio ambiente pela União, materializado na ausência de políticas públicas adequadas para a proteção da Amazônia Legal e na desestruturação institucional daquelas formuladas em períodos antecedentes. ADO 59/DF, relatora Ministra Rosa Weber, julgamento finalizado em 3.11.2022.

O artigo 225 ainda prevê que são indisponíveis as terras devolutas ou arrecadadas pelos estados, por ações discriminatórias, necessárias à proteção dos ecossistemas naturais (§5º).

O objetivo desse dispositivo foi afetar as terras devolutas necessárias à proteção ambiental, vez que impedirá a sua alienação pelos estados da federação, em razão da afetação em prol do ambiente.

Vale frisar que, em regra, as terras devolutas são de propriedade dos estados, nos termos do artigo 26, inciso IV, da Constituição Federal, enquadrando-se como bens públicos dominiais, assim consideradas as que legitimamente não integram o patrimônio privado e não sofrem utilização efetiva pelo Poder Público, devendo ser alvo das ações de discriminação.

Contudo, são de propriedade da União as terras devolutas indispensáveis à preservação ambiental, definidas em lei, na forma do artigo 20, inciso II, da Constituição Federal.

Por fim, determina o artigo 225, da Lei Maior, que as usinas que operem com reator nuclear deverão ter sua localização definida em lei federal, sem o que não poderão ser instaladas (§6º), mesmo porque apenas a União possui competência para legislar sobre energias e atividades nucleares de qualquer natureza (artigo 22, incisos IV e XXVI).

Com o advento da **Emenda Constitucional 132/2023 (Reforma Tributária)**, que alterou o artigo 225 da Constituição (INCISO VIII), incumbe ao Poder Público **manter regime fiscal favorecido para os biocombustíveis e para o hidrogênio de baixa emissão de carbono**, na forma de lei complementar, a fim de assegurar-lhes tributação inferior à incidente sobre os combustíveis fósseis, capaz de garantir diferencial competitivo em relação a estes, especialmente em relação às contribuições de que tratam o art. 195, I, "b", IV e V, e o art. 239 e aos impostos a que se referem os arts. 155, II, e 156-A. Trata-se de importante previsão constitucional a respeito da tributação ambiental, que depende da edição de lei complementar de regulamentação.

2.5. ORDEM ECONÔMICA AMBIENTAL

A Ordem Econômica brasileira fundamenta-se na valorização do trabalho humano e na livre iniciativa, tem por fim assegurar a todos existência digna, conforme os ditames da justiça social.

Entrementes, não é absoluta, pois, de acordo com o parágrafo único, do artigo 170, da Constituição Federal, é assegurado a todos o livre exercício de qualquer atividade econômica, independentemente de autorização de órgãos públicos, salvo nos casos previstos em lei.

Destarte, cuida-se de norma constitucional de eficácia contida, haja vista que a lei poderá criar restrições ao exercício das atividades econômicas, como de fato ocorre na esfera ambiental.

É que toda atividade econômica apta a gerar a degradação ambiental apenas poderá se desenvolver após o regular licenciamento ambiental, nos termos do artigo 10, da Lei 6.938/81, se prevista na legislação ambiental, pois tolerável socialmente os padrões de poluição.

Deveras, compete ao Poder Público exercer o poder de polícia ambiental, sendo o licenciamento ambiental um importante instrumento de controle da poluição, a fim de mantê-la em padrões aceitáveis.

> ***ATENÇÃO***
>
> *Nesse sentido, um dos princípios que norteiam a Ordem Econômica é a* ***Defesa do Meio Ambiente,*** *inclusive mediante tratamento diferenciado conforme o impacto ambiental dos produtos e serviços e de seus processos de elaboração e prestação, tendo nascido em 1988 a Ordem Econômica Ambiental.*

Logo, apenas as atividades econômicas cuja poluição estiver dentro dos lindes de aceitação da legislação ambiental será licenciada, devendo ser privilegiadas as empresas que operem como tecnologias menos impactantes ao ambiente.

2.6. TÓPICO – SÍNTESE

Tópico – Síntese: Normas Constitucionais Ambientais	
Competências materiais ambientais comuns	– Proteger os documentos, as obras e outros bens de valor histórico, artístico e cultural, os monumentos, as paisagens naturais notáveis e os sítios arqueológicos;

Tópico – Síntese: Normas Constitucionais Ambientais	
Competências materiais ambientais comuns	– Impedir a evasão, a destruição e a descaracterização de obras de arte e de outros bens de valor histórico, artístico ou cultural; – Proteger o meio ambiente e combater a poluição em qualquer de suas formas; – Preservar as florestas, a fauna e a flora; – Registrar, acompanhar e fiscalizar as concessões de direitos de pesquisa e exploração de recursos hídricos e minerais em seus territórios.
Competências legislativas ambientais concorrentes	– Florestas, caça, pesca, fauna, conservação da natureza, defesa do solo e dos recursos naturais, proteção do meio ambiente e controle da poluição; – Proteção ao patrimônio histórico, cultural, artístico, turístico e paisagístico; – Responsabilidade por dano ao meio ambiente, ao consumidor, a bens e direitos de valor artístico, estético, histórico, turístico e paisagístico.
Competências materiais ambientais exclusivas da União	– Elaborar e executar planos nacionais e regionais de ordenação do território e de desenvolvimento econômico e social; – Planejar e promover a defesa permanente contra as calamidades públicas, especialmente as secas e as inundações; – Instituir sistema nacional de gerenciamento de recursos hídricos e definir critérios de outorga de direitos de seu uso;
Competências materiais ambientais exclusivas da União	– Instituir diretrizes para o desenvolvimento urbano, inclusive habitação, saneamento básico e transportes urbanos;
Competências materiais ambientais exclusivas da União	– Estabelecer princípios e diretrizes para o sistema nacional de viação; – Explorar os serviços e instalações nucleares de qualquer natureza e exercer monopólio estatal sobre a pesquisa, a lavra, o enriquecimento e reprocessamento, a industrialização e o comércio de minérios nucleares e seus derivados.
Competências legislativas privativas da União	Águas, energia, jazidas, minas e outros recursos minerais, assim como atividades nucleares de qualquer natureza.

CAPÍTULO 3

PRINCÍPIOS AMBIENTAIS

A definição do rol de princípios informadores do Direito Ambiental não é tarefa fácil, diante da grande controvérsia doutrinária sobre o tema. A doutrina ambiental diverge bastante, inclusive quanto ao conteúdo jurídico de muitos dele. Considerando que o objetivo desta obra é a preparação para concursos públicos, será apresentada uma larga listagem dos princípios ambientais, de acordo com o entendimento majoritário.

3.1. PRINCÍPIO DA PREVENÇÃO

O Princípio da Prevenção informa expressamente o Direito Ambiental no Brasil, tendo em vista a sua previsão em inúmeros diplomas legais, a exemplo das Leis 11.428/2006 (Mata Atlântica) e 12.187/2009 (Política Nacional de Mudança do Clima).

É certo que, tecnicamente, em regra, o dano ambiental é irreparável *in natura*. Por exemplo, uma floresta nativa desmatada não poderá ser colada. Neste caso, mesmo que haja um reflorestamento (compensação ambiental), nascerá outro ecossistema similar, mas nunca será restabelecido o estado anterior do bem ambiental lesionado.

Cuida-se de princípio da **certeza científica**. Trabalha com o **risco certo**, conhecido ou concreto, pois o órgão ambiental licenciador já conhece a existência, natureza e extensão dos impactos ambientais causados por determinada atividade, já vastamente estudada pela ciência ambiental.

Logo, se o Poder Público exige um potente filtro na chaminé de uma tradicional fábrica produtora de biscoitos como condição para a concessão da licença ambiental, trata-se de aplicação do Princípio da Prevenção, vez que já há certeza científica sobre os impactos ambientais positivos e negativos dessa atividade humana já secularmente desenvolvida.

3.2. PRINCÍPIO DA PRECAUÇÃO

É previsto expressamente no ordenamento jurídico pátrio em dezenas de atos normativos, pioneiramente na Convenção do Clima e na Convenção da Diversidade Biológica, ratificadas pelo Brasil no ano de 1994 por ocasião da ECO 92, promovida pela ONU no Rio de Janeiro.

É o princípio da **dúvida científica**. Trabalha com **risco incerto**, desconhecido ou abstrato. Normalmente é invocado em grandes polêmicas, onde são criadas novas atividades econômicas fruto do desenvolvimento tecnológico, quando não se sabe ao certo quais os danos ambientais a serem causados pelo projeto e sua intensidade.

ATENÇÃO

Se no Direito Penal existe o in dubio pro reo, no Direito Ambiental há o ***in dubio pro natura ou salute****, em aplicação ao Princípio da Precaução. Conforme pontificado no princípio 15 da Declaração do Rio em 1992, "de modo a proteger o meio ambiente, o princípio da precaução deve ser amplamente observado pelos Estados, de acordo com suas capacidades. Quando houver ameaça de danos sérios ou irreversíveis, a ausência de absoluta certeza científica não deve ser utilizada como razão para postergar medidas eficazes e economicamente viáveis para precaver a degradação ambiental".*

Destarte, na dúvida em favor do ambiente e da saúde. O benefício da dúvida deverá militar em favor das pessoas, e não do poder econômico. Contudo, é preciso que realmente haja uma controvérsia científica sobre os danos ambientais advindos da atividade estudada, não podendo ser algo remoto, pois é utopia se pensar que existe "risco zero".

Se o órgão ambiental licenciador estiver analisando um pedido de licença para uma nova atividade, a exemplo da liberação no organismo de novo vegetal transgênico, existindo séria controvérsia na comunidade científica sobre os males a serem causados pela atividade, na dúvida, mesmo sem saber se eles ocorrerão, deve condicionar a concessão da licença ambiental à adoção de medidas de mitigação dos impactos ambiental duvidosos.

É que um pedido de desculpas posterior ou todo o dinheiro do mundo não tem o poder de reverter diversos impactos ambientais negativos, impondo-se uma medida de precaução. Se for um caso de uma atividade realmente perigosa, é possível que a licença ambiental seja denegada com fundamento no Princípio da Precaução.

POSIÇÃO DO STF

"A Corte registrou que o conteúdo jurídico do princípio da precaução remontaria originalmente à "Carta Mundial da Natureza", de 1982, cujo princípio n. 11, "b", estabelecera a necessidade de os Estados controlarem as atividades potencialmente danosas ao meio ambiente, ainda que seus efeitos não fossem completamente conhecidos. Esse princípio fora posteriormente incluído na Declaração do Rio de Janeiro sobre Meio Ambiente e Desenvolvimento (Eco-92). Além desses documentos, o princípio da precaução estaria contido na Constituição. Decorre referido princípio da constatação de que a evolução científica poderia trazer riscos, muitas vezes imprevisíveis ou imensuráveis, a exigir uma reformulação das práticas e procedimentos tradicionalmente adotados na respectiva área da ciência. Apontou que o princípio da precaução não prescindiria de outros elementos considerados essenciais para uma adequada decisão estatal, a serem observados sempre que estiver envolvida a gestão de riscos: a) a proporcionalidade entre as medidas adotadas e o nível de proteção escolhido; b) a não discriminação na aplicação das medidas; e, c) a coerência das medidas que se pretende tomar com as já adotadas em situações similares ou que utilizem abordagens similares. Portanto, na aplicação do princípio da precaução a existência de riscos decorrentes de incertezas científicas não deveria produzir uma paralisia estatal ou da sociedade. Por outro lado, a aplicação do princípio não poderia gerar como resultados temores infundados. Assim, em face de relevantes elementos de convicção sobre os riscos, o Estado deveria agir de forma proporcional. Por sua vez, o eventual controle pelo Poder Judiciário quanto à legalidade e à legitimidade na aplicação desse princípio haveria de ser realizado com prudência, com um controle mínimo, diante das incertezas que reinam no campo científico". ***Informativo 829: RE 627189/SP, rel. Min. Dias Toffoli, 8.6.2016.***

É com fulcro no Princípio da Precaução que o STJ vem invertendo o ônus da prova em ações civis públicas de reparação dos danos ambientais.

POSIÇÃO DO STJ

"PROCESSUAL CIVIL – COMPETÊNCIA PARA JULGAMENTO DE EXECUÇÃO FISCAL DE MULTA POR DANO AMBIENTAL – INEXISTÊNCIA DE INTERESSE DA UNIÃO – COMPETÊNCIA DA JUSTIÇA ESTADUAL – PRESTAÇÃO JURISDICIONAL – OMISSÃO – NÃO-OCORRÊNCIA – PERÍCIA – DANO AMBIENTAL – DIREITO DO SUPOSTO POLUIDOR – PRINCÍPIO DA PRECAUÇÃO – INVERSÃO DO ***ÔNUS*** *DA PROVA. 1. A competência para o julgamento de execução fiscal por dano ambiental movida por entidade autárquica estadual é de competência da Justiça Estadual. 2. Não ocorre ofensa ao art. 535, II, do CPC, se o Tribunal de origem decide, fundamentadamente, as questões essenciais ao julgamento da lide.* ***3. O princípio da precaução pressupõe a inversão do ônus probatório, competindo a quem supostamente promoveu o dano ambiental comprovar que não o causou ou que a substância lançada ao meio ambiente*** *não lhe é potencialmente lesiva. 4. Nesse sentido e coerente com esse posicionamento, é direito subjetivo do suposto infrator a realização de perícia para comprovar a ineficácia poluente de sua conduta, não sendo suficiente para torná-la prescindível informações obtidas de sítio da internet. 5. A prova pericial é necessária sempre que a prova do fato depender*

de conhecimento técnico, o que se revela aplicável na seara ambiental ante a complexidade do bioma e da eficácia poluente dos produtos decorrentes do engenho humano. 6. Recurso especial provido para determinar a devolução dos autos à origem com a anulação de todos os atos decisórios a partir do indeferimento da prova pericial" (REsp 1.060.753, 2ª Turma, Rel Min. Eliana Calmon, de 01.12.2009).

SÚMULA N. 618

A inversão do ônus da prova aplica-se às ações de degradação ambiental. ***Corte Especial, julgado em 24/10/2018, DJe 30/10/2018.***

3.3. PRINCÍPIO DO DESENVOLVIMENTO SUSTENTÁVEL

O Princípio do Desenvolvimento Sustentável também foi positivado expressamente no Brasil, sendo previsto nas Leis 12.187/09 (Política Nacional de Mudança do Clima) e na Lei 12.305/2010 (Política Nacional de Resíduos Sólidos).

Deve efeito, este princípio parte da premissa de que o desenvolvimento econômico não poderá ocorrer a todo custo, tendo em vista que o planeta Terra não tem uma capacidade ilimitada de suportar a poluição. Logo, é preciso que o Poder Público, com a colaboração de toda a sociedade, mantenha os índices de poluição dentro dos padrões impostos pelas normas ambientais.

ATENÇÃO

De acordo com o Relatório Nosso Futuro Comum, também conhecido como Brundtland, elaborado pela ONU em 1987, assim se considera ***"o desenvolvimento que satisfaz as necessidades presentes, sem comprometer a capacidade das gerações futuras de suprir suas próprias necessidades"****.*

Também é possível definir o desenvolvimento sustentável como aquele que respeita a capacidade de suporte de poluição dos ecossistemas, a fim de manter a perenidade dos recursos naturais.

Tomemos um exemplo concreto. É certo que uma das funções das águas é diluir os efluentes (esgoto) produzidos pelo homem. Entretanto, o Poder Público somente autorizará o seu lançamento nas águas após o devido tratamento e mesmo assim até a capacidade de suporte desse ecossistema, a fim de manter um bom padrão de vida.

O lançamento de efluentes sem tratamento e/ou além do máximo suportável pelo curso d'água viola o Princípio do Desenvolvimento

Sustentável, pois irá prejudicar a vida animal e vegetal, além de tornar os recursos hídricos impróprios à utilização humana.

É possível afirmar que implicitamente a Constituição Federal de 1988 recepcionou este princípio no seu artigo 225 e principalmente no artigo 170. É que a Ordem Econômica, que se funda na valorização do trabalho humano e na livre iniciativa, tem como princípio a Defesa do Meio Ambiente, inclusive mediante tratamento diferenciado conforme o impacto ambiental dos produtos e serviços e de seus processos de elaboração e prestação, não sendo exagero intitulá-la de **Ordem Econômica Ambiental**.

Vale salientar, por fim, que o desenvolvimento sustentável ou simplesmente sustentabilidade, tão citado em propagandas políticas e de grandes empresas, também possui uma vertente social, pois pressupõe a redução das desigualdades sociais e da pobreza.

3.4. PRINCÍPIO DO POLUIDOR-PAGADOR

A degradação ambiental é a alteração adversa das características do meio ambiente (artigo 3º, inciso II, da Lei 6.938/81). Já a poluição é uma espécie de degradação ambiental causada pelo homem, resultante de atividades que direta ou indiretamente prejudiquem a saúde, a segurança e o bem-estar da população; criem condições adversas às atividades sociais e econômicas; afetem desfavoravelmente a biota; afetem as condições estéticas ou sanitárias do meio ambiente; lancem matérias ou energia em desacordo com os padrões ambientais estabelecidos.

Poderá a ser poluição lícita ou ilícita. A ilícita é a causada sem licença ou autorização ambiental ou em desacordo com a obtida. Já a poluição lícita é a amparada em regular licenciamento ambiental, onde são cumpridas todas as exigências do Poder Público.

O homem precisa poluir para viver, pois inexiste poluição "zero". Mesmo os homens das cavernas necessitavam cortar as árvores e produziam resíduos sólidos e líquidos que afetavam negativamente o ambiente. Contudo, a poluição precisa ser limitada à capacidade de suporte dos ecossistemas, devendo ser sustentável.

> **_ATENÇÃO_**
>
> *O Princípio do Poluidor-pagador parte da premissa de que não é justo que o empreendedor internalize os lucros e socialize os prejuízos ambientais. Logo, deverá o poluidor arcar com os custos sociais da degradação causada, internalizando as externalidades negativas.*

É previsto expressamente na Lei 12.305/2010, bem como em diversas normas ambientais brasileiras. Também consta do princípio 16, da Declaração do Rio:

> "Tendo em vista que o poluidor deve, em princípio, arcar com o custo decorrente da poluição, as autoridades nacionais devem procurar promover a internalização dos custos ambientais e o uso de instrumentos econômicos, levando na devida conta o interesse público, sem distorcer o comércio e os investimentos internacionais".

Outrossim, é objetivo da Política Nacional do Meio Ambiente, na forma do artigo 4º, inciso VII, da Lei 6.938/81,

> "à imposição, ao poluidor e ao predador, da obrigação de recuperar e/ou indenizar os danos causados".

Com propriedade, o exemplo genérico de concretização do Princípio do Poluidor-pagador é o dever ambiental de reparação ou compensação dos danos ambientais, mesmo que a poluição esteja amparada em licença ou autorização ambiental.

Um exemplo específico consta do artigo 1º, da Resolução CONAMA 416/2009, que prevê que

> "os fabricantes e os importadores de pneus novos, com peso unitário superior a 2,0 kg (dois quilos), ficam obrigados a coletar e dar destinação adequada aos pneus inservíveis existentes no território nacional, na proporção definida nesta Resolução".

Por conseguinte, os fabricantes e importadores de pneus, por terem internalizado os lucros, são responsáveis pela destinação ambientalmente adequada dos mesmos após o uso, inclusive por sua coleta.

Entretanto, este princípio não é uma abertura incondicionada à poluição, desde que se pague. É Poluidor-pagador, e não Pagador-poluidor. A poluição só será licenciada até os padrões máximos admitidos pela legislação ambiental, conforme previsto na licença, mesmo que o proponente do projeto se proponha a pagar milhões pela liberação de uma degradação adicional, não admitida na normatização ambiental.

3.5. PRINCÍPIO DO USUÁRIO-PAGADOR

O Princípio do Usuário-pagador não possui exatamente o mesmo conteúdo jurídico do Princípio do Poluidor-pagador. É mais amplo. Por ele, aqueles que utilizarem recursos naturais, principalmente com finalidades econômicas, deverão pagar por sua utilização.

Entende-se que o Princípio do Usuário-pagador engloba o Princípio do Poluidor-pagador. Isso porque todos que poluem estão necessariamente usando um recurso natural. Mas nem todos que estão usando, estarão necessariamente poluindo.

O pagamento pela utilização adequada da água é um exemplo de concretização do Usuário-pagador. A utilização racional da água não se enquadra no conceito de poluição, razão pela qual essa cobrança não decorre do Poluidor-pagador, e sim do Usuário-pagador.

E por que se deve cobrar pela mera utilização de um recurso natural? Para racionalizar o seu uso, educar a população e angariar recursos para serem investidos na proteção ambiental. Ademais, a extração de recursos naturais, patrimônio imaterial de toda a coletividade, afeta a todos, sendo justo que os usuários arquem com os custos.

Nesse sentido, é objetivo da Política Nacional do Meio Ambiente, na forma do artigo 4º, inciso VII, da Lei 6.938/81, à imposição, ao usuário, da contribuição pela utilização de recursos ambientais com fins econômicos.

Contudo, essa cobrança não poderá gerar uma discriminação negativa ambiental, a fim de privar os mais pobres do acesso aos recursos naturais, devendo ser isonômica, como ocorre com o pagamento da conta de água, pois existem tarifas progressivas conforme a capacidade contributiva do usuário.

A legislação ambiental brasileira positivou este princípio, previsto na Lei 11.428/06 (Bioma Mata Atlântica) e na Resolução CONAMA 357/2005 (classificação dos corpos d'água), dentre outras normas.

3.6. PRINCÍPIO DO PROTETOR-RECEBEDOR

Este princípio é o oposto do Poluidor-pagador. Se por um lado é justo que aqueles que poluam arquem com os custos sociais da degradação causada, por outro é igualmente correto que aqueles que protejam o meio ambiente sejam premiados por suas iniciativas.

Em vários países do mundo há várias formas de pagamento por serviços ambientais (PSA), ou seja, aquelas pessoas que preservam as florestas, o solo, os animais silvestres, as águas ou o ar recebem algum benefício, pois estão colaborando com toda a sociedade na realização do direito fundamental ao meio ambiente ecologicamente equilibrado.

Coube à **Lei 14.119/2021** instituir a **Política Nacional de Pagamento por Serviços Ambientais** (PNSA), exímio exemplo de concretização do Princípio do Protetor-recebedor e do Princípio do Desenvolvimento Sustentável, na medida em que busca trazer vantagens a quem atua na proteção ao meio ambiente beneficiando imaterialmente toda a coletividade.

Os serviços ambientais foram definidos como as atividades individuais ou coletivas que favorecem a manutenção, a recuperação ou a melhoria dos serviços ecossistêmicos.

O pagamento por serviços ambientais é definido como a transação de natureza voluntária, mediante a qual um pagador de serviços ambientais transfere a um provedor desses serviços recursos financeiros ou outra forma de remuneração, nas condições acertadas, respeitadas as disposições legais e regulamentares pertinentes.

Foram criadas modalidades exemplificativas de pagamento por serviços ambientais, podendo o Ministério do Meio Ambiente criar novas modalidades por ato próprio:

> I – pagamento direto, monetário ou não monetário;
>
> II – prestação de melhorias sociais a comunidades rurais e urbanas;
>
> III – compensação vinculada a certificado de redução de emissões por desmatamento e degradação;
>
> IV – títulos verdes (green bonds);
>
> V – comodato;
>
> VI – Cota de Reserva Ambiental (CRA), instituída pela Lei nº 12.651, de 25 de maio de 2012.

No Brasil, o Princípio do Protetor-recebedor foi positivado na Lei 12.305/2010, que aprovou a Política Nacional de Resíduos Sólidos.

Há uma controvérsia muito grande sobre o grau de incidência deste princípio. Para muitos, apenas devem ser pagos os serviços ambientais daqueles que protegem a natureza além do que é determinado pela legislação ambiental. Ou seja, aquele que apenas cumpre as normas ambientais, sem proteger além dela, não merece ser premiado.

3.7. PRINCÍPIO DA COOPERAÇÃO ENTRE OS POVOS

Cuida-se de princípio fundamental da Constituição Federal, que deverá nortear as relações internacionais brasileiras. Outrossim, é um importante princípio ambiental, pois apenas com a colaboração mútua entre as nações será possível o controle global da poluição.

Com propriedade, o planeta Terra é formado por um conjunto de ecossistemas que formam a Biosfera, todos ligados entre si. A poluição exagerada em determinada parte do planeta poderá afetar um país distante, como ocorre com a maciça emissão dos gases que causam o efeito estufa, que elevam a temperatura da Terra como um todo.

Por tudo isso, prega o Princípio da Cooperação entre os Povos que todas as nações deverão cooperar mutuamente para implantar o desenvolvimento sustentável, sendo praticamente inócuas a adoção de políticas públicas ambientais isoladas.

3.8. PRINCÍPIO DA PARTICIPAÇÃO COMUNITÁRIA OU CIDADÃ

Assim como o princípio anterior, o Princípio da Participação Comunitária ou Cidadã (também conhecido como Princípio Democrático) não é exclusivo do Direito Ambiental. A Suprema Corte, quando admite a intervenção *amicus curiae* (amigo da corte) nas ações abstratas de controle de constitucionalidade, permitindo que a comunidade forneça elementos técnicos para a formação do convencimento dos Ministros, aplica o Princípio da Participação Cidadã.

Este princípio foi previsto expressamente na Lei 12.187/2009 (Política Nacional de Mudança do Clima), ganhando grande força na área ambiental, visto que os impactos ambientais positivos e negativos são sentidos por toda a coletividade, especialmente por aqueles que residem ou passam pelas áreas afetadas.

Assim sendo, como são as pessoas que sofrem os impactos ambientais, nada mais justo, em termos de democracia ambiental, que o povo seja ouvido antes da tomada da decisão política ambiental, mesmo que tal oitiva não vincule o órgão ambiental competente na decisão de conceder ou não a licença.

Cada vez mais existem institutos criados para a participação popular no campo ambiental. São exemplos de concretização do Princípio da Participação Comunitária: a ação popular em defesa do meio ambiente, a ser proposta por qualquer cidadão; a audiência pública para debater o Estudo de Impacto Ambiental e se Relatório (EIA-RIMA); a consulta pública que precede a criação das unidades de conservação.

3.9. PRINCÍPIO DA NATUREZA PÚBLICA (OU OBRIGATORIEDADE) DA PROTEÇÃO AMBIENTAL

Por este princípio, implicitamente consagrado na cabeça do artigo 225, da Constituição Federal, impõe-se ao Poder Público e à coletividade o dever de defender e preservar o direito fundamental ao meio ambiente ecologicamente equilibrado para as presentes e futuras gerações.

Destarte, há um dever cominado ao Estado para proteger o meio ambiente, e não mera discricionariedade política ou administrativa, razão pela qual normalmente o poder de polícia ambiental é vinculado.

3.10. PRINCÍPIO DO LIMITE OU CONTROLE

Trata-se de norma principiológica que impõe ao Poder Público o dever de controlar a poluição mediante a instituição de padrões máximos de tolerância, a fim de mantê-la dentro de níveis aceitáveis, visando preservar o equilíbrio ambiental e a saúde humana.

Decorre do Princípio do Limite a edição da Resolução 18/1986, do Conselho Nacional do Meio Ambiente - CONAMA, que instituiu nacionalmente o Programa de Controle da Poluição do Ar por Veículos Automotores – PROCONVE, que objetiva reduzir os níveis de emissão de poluentes por veículos automotores visando ao atendimento aos Padrões de Qualidade do Ar, especialmente nos centros urbanos.

3.11. PRINCÍPIO DA INFORMAÇÃO

O Princípio da Informação não é exclusivo do Direito Ambiental, sendo informador de outros ramos jurídicos, como o Direito do Consumidor. A Lei 11.428/2006 inseriu como seu princípio a transparência das informações ambientais, sendo, portanto, expressamente positivado no Brasil.

O conhecimento das informações ambientais é imprescindível para a participação da comunidade na questão ambiental. Dados sonegados ou distorcidos podem prejudicar a participação social na proteção ambiental, razão pela qual os órgãos públicos ambientais estão sujeitos a um avançado regime de publicização das informações.

Nesse sentido, pontifica a Lei 10.650/03 que os órgãos e entidades públicos ambientais são obrigados a permitir o acesso público aos documentos, expedientes e processos administrativos que tratem de matéria ambiental e a fornecer todas as informações ambientais que estejam sob sua guarda, em meio escrito, visual, sonoro ou eletrônico.

O acesso a essas informações é franqueado a qualquer indivíduo, independentemente da comprovação de interesse específico, mediante requerimento escrito, no qual assumirá a obrigação de não utilizar as informações colhidas para fins comerciais, sob as penas da lei civil, penal, de direito autoral e de propriedade industrial, assim como de citar as fontes, caso, por qualquer meio, venha a divulgar os aludidos dados.

Apenas fugirão ao regime de publicidade as informações ambientais protegidas por sigilo comercial, industrial, financeiro ou qualquer outro protegido por lei.

POSIÇÃO DO STJ

Tese A) O direito de acesso à informação no Direito Ambiental brasileiro compreende: *i) o dever de publicação, na internet, dos documentos ambientais detidos pela Administração não sujeitos a sigilo (transparência ativa); ii) o direito de qualquer pessoa e entidade de requerer acesso a informações ambientais específicas não publicadas (transparência passiva); e iii) direito a requerer a produção de informação ambiental não disponível para a Administração (transparência reativa);*

Tese B) Presume-se a obrigação do Estado em favor da transparência ambiental, sendo ônus da Administração justificar seu descumprimento, sempre sujeita a controle judicial, *nos seguintes termos: i) na transparência ativa, demonstrando razões administrativas adequadas para a opção de não publicar; ii) na transparência passiva, de enquadramento da informação nas razões legais e taxativas de sigilo; e iii) na transparência ambiental reativa, da irrazoabilidade da pretensão de produção da informação inexistente;*

Tese C) O regime registral brasileiro admite a averbação de informações facultativas sobre o imóvel, de interesse público, inclusive as ambientais;

Tese D) O Ministério Público pode requisitar diretamente ao oficial de registro competente a averbação de informações alusivas a suas funções institucionais. REsp 1.857.098-MS, Rel. Min. Og Fernandes, Primeira Seção, por unanimidade, julgado em 11/05/2022. **(Tema IAC 13)**

3.12. PRINCÍPIO DO PACTO INTERGERACIONAL OU EQUIDADE

Há um pacto fictício entre as gerações presentes e as futuras em que as atuais se comprometem a consumir os recursos naturais de maneira sustentável, deixando as porções necessárias à sustentabilidade das novas gerações.

Este princípio encontra-se implicitamente consignado na cabeça do artigo 225, da Constituição Federal, pois é dever do Poder Público e da coletividade defender e preservar o meio ambiente ecologicamente equilibrado para as presentes e futuras gerações.

Outrossim, a Lei 11.428/06 (Bioma Mata Atlântica) expressamente consignou este princípio ambiental, denominando-o de Equidade Intergeracional.

Esta norma principiológica realiza-se quando, por exemplo, se evita a extinção de espécies da fauna e flora nativas, pois as futuras gerações deverão ter acesso aos recursos naturais para realizar a sua dignidade ambiental.

3.13. PRINCÍPIO DA FUNÇÃO SOCIOAMBIENTAL DA PROPRIEDADE

O direito fundamental de propriedade é garantido, desde que a sua utilização atenda a função social, nos moldes do artigo 5º, incisos XXII e XXIII, da Lei Maior. Por sua vez, é curial que o proprietário cumpra a legislação ambiental para que o uso de sua propriedade atenda aos interesses da sociedade, sob pena de se sujeitar às sanções legais, inclusive a perda do direito.

De efeito, dentre outros pressupostos, a propriedade rural apenas atenderá a sua função social se houver utilização adequada dos recursos naturais disponíveis e preservação do meio ambiente, nos moldes do artigo 186, inciso III, da Constituição Federal.

Logo, mesmo que se tenha na terra um uso racional e adequado, bem como um respeito às normas trabalhistas, o proprietário rural que infringir as normas ambientais não atenderá à função social da propriedade.

Já a propriedade urbana apenas cumprirá a função social se respeitar os ditames do plano diretor. Este, por sua vez, é o instrumento básico da política de desenvolvimento e expansão urbana, a ser aprovado pela Câmara Municipal, devendo observar todas as normas ambientais federais, estaduais e municipais, sob pena de ilegitimidade.

Por tudo isso, conclui-se que tanto a propriedade urbana quanto a propriedade rural deverão respeitar as normas ambientais, razão pela qual a doutrina ambiental se refere à função socioambiental da propriedade.

O princípio da função socioambiental da propriedade foi previsto literalmente na Lei 11.428/2006, que regula o Bioma Mata Atlântica.

3.14. PRINCÍPIO DA PROIBIÇÃO DO RETROCESSO AMBIENTAL

Cada vez mais o homem vem degradando o meio ambiente, colocando em risco a existência digna das futuras gerações. Por conseguinte, o Estado deve editar normas jurídicas ambientais cada vez mais restritivas, com o objetivo de realizar/restabelecer o direito fundamental ao meio ambiente ecologicamente equilibrado.

De acordo com o Princípio da Proibição do Retrocesso Ambiental, deverá o legislador evoluir na edição de normas ambientais cada vez mais protetivas, não devendo, em regra, flexibilizar as normas ambientais, que seria um grande retrocesso.

O Superior Tribunal de Justiça, ao julgar o recurso especial 302.906, de 26.08.2010, reconheceu a existência deste princípio:

> "[...] O exercício do *ius variandi*, para flexibilizar restrições urbanístico-ambientais contratuais, haverá de respeitar o ato jurídico perfeito e o licenciamento do empreendimento, pressuposto geral que, no Direito Urbanístico, como no Direito Ambiental, é decorrência da crescente escassez de espaços verdes e dilapidação da qualidade de vida nas cidades. **Por isso mesmo, submete-se ao princípio da não-regressão (ou, por outra terminologia, princípio da proibição de retrocesso), garantia de que os avanços urbanístico-ambientais conquistados no passado não serão diluídos, destruídos ou negados pela geração atual ou pelas seguintes** [...]" (passagem do julgado grifada pelo autor).

Todavia, essa posição de irretroatividade da Lei 12.651/2012 quando mais favorável ao infrator tem sido cassada pelo STF por suposta ofensa ao julgamento das ADIs 4.901, 4.902, 4.903 e 4.937, tendo forçado o STJ a rever a sua posição.

POSIÇÃO DO STF

Rcl 58500 AgR / SP - SÃO PAULO
AG.REG. NA RECLAMAÇÃO
Relator(a): Min. NUNES MARQUES
Redator(a) do acórdão: Min. GILMAR MENDES
Julgamento: 22/08/2023
Publicação: 28/09/2023
Órgão julgador: Segunda Turma

Agravo Regimental em Reclamação. 2. Ofensa à decisão do STF nas ADIs 4901, 4902, 4903 e 4937. 3. Decisão reclamada aplicou o antigo Código Florestal para fins de cumprimento do Termo de Ajustamento de Conduta firmado com o Ministério Público do Estado de São Paulo. 4. Regra do novo Código Florestal considerada mais benéfica. Norma declarada constitucional pelo STF. 5. Reclamação julgada procedente para, cassando as decisões reclamadas, proferidas nos autos do Processo n. 1000611- 15.2018.8.26.0483, determinar que outra seja proferida com observância do que decidido por esta Corte no julgamento das ADIs 4.901, 4.902, 4.903 e 4.937.

POSIÇÃO DO STJ

A eficácia retroativa da Lei n. 12.651/2012 permite o reconhecimento de situações consolidadas e a regularização ambiental de imóveis rurais levando em conta suas novas disposições, e não à luz da legislação vigente na data dos ilícitos ambientais. AgInt no REsp 1.668.484-SP, Rel. Ministro Manoel Erhardt (Desembargador convocado do TRF da 5ª Região), Primeira Turma, por unanimidade, julgado em 5/12/2022, DJe 7/12/2022.

3.15. TÓPICO – SÍNTESE

Tópico – Síntese: Princípios Ambientais	
Prevenção	É o princípio da certeza científica. Trabalha com o risco certo, conhecido ou concreto, pois o órgão ambiental licenciador já conhece a existência, natureza e extensão dos impactos ambientais causados por determinada atividade, já vastamente estudada pela ciência ambiental.
Precaução	É o princípio da dúvida científica. Trabalha com risco incerto, desconhecido ou abstrato. Normalmente é invocado em grandes polêmicas, onde são criadas novas atividades econômicas fruto do desenvolvimento tecnológico, quando não se sabe ao certo quais os danos ambientais a serem causados pelo projeto e sua intensidade. Na dúvida em favor do ambiente e da saúde.

Tópico – Síntese: Princípios Ambientais	
Desenvolvimento Sustentável	É o desenvolvimento que satisfaz as necessidades presentes, sem comprometer a capacidade das gerações futuras de suprir suas próprias necessidades.
Poluidor-pagador	Não é justo que o empreendedor internalize os lucros e socialize os prejuízos ambientais. Logo, deverá o poluidor arcar com os custos sociais da degradação causada, internalizando as externalidades negativas.
Usuário-pagador	Aqueles que utilizarem recursos naturais, principalmente com finalidades econômicas, deverão pagar por sua utilização.
Protetor-recebedor	Aqueles que protegem o meio ambiente devem ser premiados por suas iniciativas em razão da prestação de serviços ambientais que aproveitam a toda a sociedade.
Cooperação entre os Povos	As nações deverão cooperar mutuamente para implantar o desenvolvimento sustentável através de medidas globais de controle da poluição.
Participação Comunitária	Como são as pessoas que sofrem os impactos ambientais, nada mais justo, em termos de democracia ambiental, que o povo seja ouvido antes da tomada da decisão política ambiental, tais como a realização de audiências e consultas públicas.
Natureza Pública da Proteção Ambiental	Impõe-se ao Poder Público e à coletividade o dever de defender e preservar o direito fundamental ao meio ambiente ecologicamente equilibrado para as presentes e futuras gerações.
Limite ou Controle	É dever do Poder Público controlar a poluição mediante a instituição de padrões máximos de tolerância, a fim de mantê-la dentro de níveis aceitáveis, visando preservar o equilíbrio ambiental e a saúde humana.
Informação	Os órgãos e entidades públicos ambientais são obrigados a permitir o acesso público aos documentos, expedientes e processos administrativos que tratem de matéria ambiental e a fornecer todas as informações ambientais que estejam sob sua guarda, em meio escrito, visual, sonoro ou eletrônico, independentemente de interesse específico.

Tópico – Síntese: Princípios Ambientais	
Pacto Intergeracional ou Equidade	Há um pacto fictício entre as gerações presentes e as futuras em que as atuais se comprometem a consumir os recursos naturais de maneira sustentável, deixando as porções necessárias à sustentabilidade das novas gerações.
Função Socioambiental da Propriedade	É curial que o proprietário urbano e rural cumpra a legislação ambiental para que o uso de sua propriedade atenda aos interesses da sociedade, sob pena de se sujeitar às sanções legais, inclusive a perda do direito.
Proibição do Retrocesso Ambiental	Deverá o legislador evoluir na edição de normas ambientais cada vez mais protetivas, não devendo, em regra, flexibilizar as normas ambientais, que seria um grande retrocesso.

CAPÍTULO 4

A POLÍTICA NACIONAL DO MEIO AMBIENTE E O SISTEMA NACIONAL DO MEIO AMBIENTE

LEIA A LEI:

- *Arts. 4º, 6º, 8º, 9º, 9º-A, 9º-B, 9º-C, 10 e 17, da Lei 6.938/81*
- *Lei 6.803/80; Resoluções CONAMA 01/86, 09/87 e 237/97*
- *Art. 7º, XIV; 8º, XIV, 9º, XIV, 10, 12/17, todos da LC 140/2011*
- *Artigos 36/38, da Lei 10.257/2001*
- *Artigos 1º-A/24, da Lei 12.651/2012 (novo CFlo)*
- *Lei 11.428/2006*
- *Lei 9.985/2000*
- *Lei 11.284/2006*
- *Lei 10.650/2003*

4.1. A POLÍTICA NACIONAL DO MEIO AMBIENTE

Especialmente durante a década de 1970, o Brasil foi alvo de grande pressão política internacional para intensificar a proteção ambiental, notadamente porque a maior parte da floresta amazônica (mais extensa floresta tropical do Planeta) está fincada em território nacional.

Com efeito, inexistia neste país uma lei ambiental geral, mas apenas normas jurídicas que regulavam especificamente determinados recursos naturais: Código de Águas (década de 1930), antigo Código Florestal, de Pesca, de Caça e de Mineração (década de 1960).

Foi apenas com o advento da Lei 6.938/81 que finalmente surgiu no Brasil uma lei ambiental geral, considerada por muitos a certidão de nascimento do Direito Ambiental nesta terra. É que antes existiam normas ambientais sem uniformidade, preocupadas apenas com a exploração de terminados recursos naturais.

Somente com a publicação da **Lei 6.938/81** surgiu pioneiramente no Brasil a **Política Nacional do Meio Ambiente - PNMA**, tendo por *objetivo* a preservação, melhoria e recuperação da qualidade ambiental propícia à vida, visando assegurar, no País, condições ao desenvolvimento socioeconômico, aos interesses da segurança nacional e à proteção da dignidade da vida humana.

Para a execução da PNMA, foram arrolados na Lei 6.938/81 os seguintes **princípios**: ação governamental na manutenção do equilíbrio ecológico, considerando o meio ambiente como um patrimônio público a ser necessariamente assegurado e protegido, tendo em vista o uso coletivo; racionalização do uso do solo, do subsolo, da água e do ar; planejamento e fiscalização do uso dos recursos ambientais; proteção dos ecossistemas, com a preservação de áreas representativas; controle e zoneamento das atividades potencial ou efetivamente poluidoras; incentivos ao estudo e à pesquisa de tecnologias orientadas para o uso racional e a proteção dos recursos ambientais; acompanhamento do estado da qualidade ambiental; recuperação de áreas degradadas; proteção de áreas ameaçadas de degradação e a educação ambiental a todos os níveis de ensino, inclusive a educação da comunidade, objetivando capacitá-la para participação ativa na defesa do meio ambiente.

Por sua vez, foram listados os seguintes **objetivos** da PNMA:

Compatibilização do desenvolvimento econômico-social com a preservação da qualidade do meio ambiente e do equilíbrio ecológico;

Definição de áreas prioritárias de ação governamental relativa à qualidade e ao equilíbrio ecológico, atendendo aos interesses da União, dos Estados, do Distrito Federal, dos Territórios e dos Municípios;

Estabelecimento de critérios e padrões de qualidade ambiental e de normas relativas ao uso e manejo de recursos ambientais; ao desenvolvimento de pesquisas e de tecnologias nacionais orientadas para o uso racional de recursos ambientais;

Difusão de tecnologias de manejo do meio ambiente, divulgação de dados e informações ambientais e formação de uma consciência pública sobre a necessidade de preservação da qualidade ambiental e do equilíbrio ecológico;

Preservação e restauração dos recursos ambientais com vistas à sua utilização racional e disponibilidade permanente, concorrendo para a manutenção do equilíbrio ecológico propício à vida;

Imposição, ao poluidor e ao predador, da obrigação de recuperar e/ou indenizar os danos causados e, ao usuário, da contribuição pela utilização de recursos ambientais com fins econômicos.

4.2. O SISTEMA NACIONAL DO MEIO AMBIENTE

Para a implementação da PNMA, era preciso inserir órgãos e entes ambientais das três esferas de governo nessa área, sob pena de ineficácia das políticas públicas ambientais.

Assim, foi constituído o **SISNAMA - Sistema Nacional do Meio Ambiente**, a quem competirá à efetivação da PNMA, composto por órgãos e entidades da União, dos estados, do Distrito Federal e dos Municípios, responsáveis pela proteção e melhoria da qualidade ambiental. Eis a sua composição:

- Órgão Superior - ***Conselho de Governo***: Tem a função de assessorar o Presidente da República na formulação da política nacional e nas diretrizes governamentais para o meio ambiente e os recursos ambientais;
- Órgão Consultivo e Deliberativo - ***Conselho Nacional do Meio Ambiente (CONAMA)***: Tem a finalidade de assessorar, estudar e propor ao Conselho de Governo, diretrizes de políticas governamentais para o meio ambiente e os recursos naturais e deliberar, no âmbito de sua competência, sobre normas e padrões compatíveis com o meio ambiente ecologicamente equilibrado e essencial à sadia qualidade de vida;
- Órgão Central - ***Ministério do Meio Ambiente (antiga Secretaria)***: Tem a finalidade de planejar, coordenar, supervisionar e controlar, como órgão federal, a política nacional e as diretrizes governamentais fixadas para o meio ambiente;
- Órgão Executor - ***Instituto Brasileiro do Meio Ambiente e dos Recursos Naturais Renováveis (IBAMA)*** e o ***Instituto Chico Mendes de Conservação da Biodiversidade (ICMBIO)***, inserido pela Lei 12.856/2013 - Tem a finalidade de executar e fazer executar, como órgão federal, a política e diretrizes governamentais fixadas para o meio ambiente;

- Órgãos Seccionais – Órgãos ou entidades estaduais (e do Distrito Federal por analogia) responsáveis pela execução de programas, projetos e pelo controle e fiscalização de atividades capazes de provocar a degradação ambiental;
- Órgãos Locais – Órgãos ou entidades municipais, responsáveis pelo controle e fiscalização dessas atividades, nas suas respectivas jurisdições.

O *Conselho de Governo*, órgão de cúpula do SISNAMA, é presidido pelo Presidente da República ou, por sua determinação, pelo Ministro de Estado Chefe da Casa Civil, que será integrado pelos Ministros de Estado e pelo titular do Gabinete Pessoal do Presidente da República.

Já o *Conselho Nacional do Meio Ambiente* tem a função de funcionar como órgão consultivo e deliberativo do CONAMA, sendo composto pelos seguintes órgãos internos: Plenário, Câmara Especial Recursal, Comitê de Integração de Políticas Ambientais, Câmaras Técnicas, Grupos de Trabalho e Grupos Assessores.

Competirá ao CONAMA, conforme previsto no artigo 8º, da Lei 6.938/81:

- Estabelecer, mediante proposta do IBAMA, normas e critérios para o licenciamento de atividades efetiva ou potencialmente poluidoras, a ser concedido pelos Estados e supervisionado pelo IBAMA;
- Determinar, quando julgar necessário, a realização de estudos das alternativas e das possíveis consequências ambientais de projetos públicos ou privados, requisitando aos órgãos federais, estaduais e municipais, bem assim a entidades privadas, as informações indispensáveis para apreciação dos estudos de impacto ambiental, e respectivos relatórios, no caso de obras ou atividades de significativa degradação ambiental, especialmente nas áreas consideradas patrimônio nacional;
- Homologar acordos visando à transformação de penalidades pecuniárias na obrigação de executar medidas de interesse para a proteção ambiental;
- Determinar, mediante representação do IBAMA, a perda ou restrição de benefícios fiscais concedidos pelo Poder Público, em caráter geral ou condicional, e a perda ou suspensão de

participação em linhas de financiamento em estabelecimentos oficiais de crédito;

- Estabelecer, privativamente, normas e padrões nacionais de controle da poluição por veículos automotores, aeronaves e embarcações, mediante audiência dos Ministérios competentes;
- Estabelecer normas, critérios e padrões relativos ao controle e à manutenção da qualidade do meio ambiente com vistas ao uso racional dos recursos ambientais, principalmente os hídricos.

Até o advento da Lei 11.941/09 competia ao CONAMA decidir, como última instância administrativa em grau de recurso, sobre multas e demais penalidade impostas pelo IBAMA. Contudo, esta competência foi expressamente **revogada** pelo referido ato normativo.

O CONAMA é um órgão colegiado ambiental bastante ativo, já tendo editado mais de quatrocentas resoluções. Há casos em que se discute a validade de inúmeras resoluções do CONAMA, sob o argumento de inovarem no mundo jurídico, o que tradicionalmente apenas é terreno fértil para a lei, ato normativo primário editado pelo Poder Legislativo.

Contudo, é fato raro a existência de uma decisão judicial que pronuncie a ilegitimidade de resolução do CONAMA, pois, mesmo nos casos em que há imposição de deveres ambientais sem autorização legal expressa, é possível que o Conselho tenha editado o ato normativo com fundamento de validade direto na Constituição Federal de 1988.

Sobre o caso, é importante se referir ao julgamento da arguição de descumprimento de preceito fundamental 101, julgada pela Suprema Corte em 24.06.2009. Neste processo, o STF (por dez votos favoráveis e apenas um contra) validou a Resolução CONAMA 235/98, que proibia a importação de pneus usados de países não componentes do MERCOSUL, mesmo sem a edição de lei nesse sentido, sob o argumento de que o CONAMA baixou ato que regulamentou diretamente o direito fundamental ao meio ambiente ecologicamente equilibrado e o direito fundamental a saúde.

Integram o Plenário do Conama, nos termos do **Decreto 11.417/2023, que sucedeu o Decreto 9.806/2019**: I - o Ministro de Estado do Meio Ambiente e Mudança do Clima, que o presidirá; II - o Secretário-Executivo do Ministério do Meio Ambiente e Mudança do

Clima, que será o seu Secretário-Executivo; III - um representante do IBAMA; IV - um representante do Instituto Chico Mendes; V - um representante do Serviço Florestal Brasileiro do Ministério do Meio Ambiente e Mudança do Clima; VI - um representante da Agência Nacional de Águas e Saneamento Básico - ANA; VII - um representante: a) de cada um dos Ministérios; b) de cada um dos seguintes órgãos da Presidência da República: 1. Casa Civil; 2. Secretaria-Geral; e 3. Secretaria de Relações Institucionais; e c) de cada um dos Comandos do Ministério da Defesa: 1. da Marinha; 2. do Exército; e 3. da Aeronáutica; VIII - um representante de cada um dos Governos estaduais e do Distrito Federal, indicados pelos respectivos Governadores; IX - oito representantes dos Governos municipais que possuam órgão ambiental estruturado e conselho de meio ambiente com caráter deliberativo, dos quais: a) um representante de cada região geográfica do País; b) um representante da Associação Nacional de Municípios e Meio Ambiente - ANAMMA; e c) dois representantes de entidades municipalistas de âmbito nacional; X - vinte e dois representantes de entidades de trabalhadores e da sociedade civil, dos quais: a) dois representantes de entidades ambientalistas de cada uma das regiões geográficas do País; b) três representantes de entidades ambientalistas de âmbito nacional; c) três representantes de associações legalmente constituídas para a defesa dos recursos naturais e do combate à poluição, de livre escolha do Presidente do Conama; d) um representante de entidades profissionais, de âmbito nacional, com atuação na área ambiental e de saneamento, indicado pela Associação Brasileira de Engenharia Sanitária e Ambiental - ABES; e) um representante de trabalhadores indicado pelas centrais sindicais e confederações de trabalhadores da área urbana (Central Única dos Trabalhadores - CUT, Força Sindical, União Geral dos Trabalhadores - UGT, Confederação Nacional dos Trabalhadores na Indústria - CNTI e Confederação Nacional dos Trabalhadores no Comércio - CNTC), escolhido em procedimento sob a coordenação conjunta da CNTI e da CNTC; f) um representante de trabalhadores da área rural, indicado pela Confederação Nacional dos Trabalhadores Rurais Agricultores e Agricultoras Familiares - CONTAG; g) um representante de populações tradicionais, escolhido em processo estabelecido por meio de ato do Ministro de Estado do Meio Ambiente e Mudança do Clima; h) um representante da comunidade indígena, escolhido em procedimento sob a coordenação da Articulação dos Povos Indígenas do Brasil - APIB; e i) um representante da comunidade científica, indicado pela Sociedade Brasileira para o Progresso da Ciência - SBPC; XI - oito representantes de entidades empresariais, dos quais: a) dois da Confederação da Agricultura e Pecuária do Brasil - CNA; b) dois da Confederação Nacional da Indústria - CNI; c) um da Confederação Nacional do Comércio de Bens, Serviços e Turismo - CNC; d) um da Confederação Nacional do Transporte - CNT; e e) dois do setor florestal, indicados nos termos de regulamento do Ministério do Meio Ambiente e Mudança do Clima; e XII - um membro honorário indicado pelo Plenário.

POSIÇÃO DO STF

É inconstitucional — por configurar retrocesso institucional e socioambiental, dada sua incompatibilidade com o modelo da democracia constitucional e violação a preceitos fundamentais — o Decreto 9.806/2019 que, sob a justificativa da liberdade de conformação decisória administrativa, foi editado para dispor sobre regras de composição e funcionamento do Conselho Nacional do Meio Ambiente (Conama), e promoveu alterações quanto à representação de seus membros e ao seu processo decisório. ADPF 623/DF, relatora Ministra Rosa Weber, julgamento virtual finalizado em 19.5.2023 (sexta-feira), às 23:59.

POSIÇÃO DO STF

São inconstitucionais as normas que, a pretexto de reestruturarem órgãos ambientais, afastam a participação da sociedade civil e dos governadores do desenvolvimento e da formulação de políticas públicas, bem como reduzem, por via de consequência, o controle e a vigilância por eles promovidos. *ADPF 651/DF, relatora Min. Cármen Lúcia, julgamento finalizado em 28.4.2022.*

De seu turno, o *Ministério do Meio Ambiente* (antiga Secretaria do Meio Ambiente da Presidência da República) é o órgão central do SISNAMA, sendo da sua competência os seguintes temas: política nacional do meio ambiente e dos recursos hídricos; política de preservação, conservação e utilização sustentável de ecossistemas, e biodiversidade e florestas; proposição de estratégias, mecanismos e instrumentos econômicos e sociais para a melhoria da qualidade ambiental e do uso sustentável dos recursos naturais; políticas para integração do meio ambiente e produção; políticas e programas ambientais para a Amazônia Legal e o zoneamento ecológico-econômico (artigo 27, inciso XV, da Lei 10.683/2003).

O *IBAMA* foi colocado como órgão executor do SISNAMA. Tecnicamente, por se tratar de autarquia federal vinculada ao Ministério do Meio Ambiente, não se trata de órgão, e sim de entidade pública, em razão da existência de personalidade jurídica, nascendo com o advento da Lei 7.735/89, a quem compete exercer o poder de polícia e o licenciamento ambiental da esfera federal.

Posteriormente, a Lei 12.856, de 02 de setembro de 2013 finalmente alterou o artigo 6º, inciso IV, da Lei 6.938/81, inserindo formalmente o Instituto Chico Mendes de Conservação da Biodiversidade como executor do SISNAMA.

O Instituto Chico Mendes de Conservação da Biodiversidade – ICMBIO, autarquia federal criada pela Lei 11.516/2007, retirou do IBAMA a tarefa da conservação ambiental, mediante a gestão das unidades de conservação federais.

Os órgãos seccionais do SISNAMA são os órgãos e entes estaduais que atuam na esfera ambiental. Por analogia, em razão do lamentável esquecimento do legislador, entrarão os órgãos ambientais do Distrito Federal.

Destarte, é preciso analisar a legislação ambiental de cada estado-membro e do Distrito Federal para identificar os seccionais do SISNAMA. No Estado da Bahia, por exemplo, pode-se citar a Secretaria Estadual de Meio Ambiente, o Instituto do Meio Ambiente e o Conselho Estadual do Meio Ambiente.

Por força da **Lei 14.751/2023**, as polícias militares e os corpos de bombeiros militares dos Estados, do Distrito Federal e dos Territórios são instituições integrantes do Sistema Nacional do Meio Ambiente (Sisnama).

Por fim, os órgãos locais do SISNAMA são os municipais, a exemplo das secretarias municipais de meio ambiente dos municípios que as possuem.

4.3. INSTRUMENTOS DA POLÍTICA NACIONAL DO MEIO AMBIENTE

Visando implementar a PNMA, os órgãos e entidades do SISNAMA necessitam de instrumentos para realizá-la, que são arrolados na Lei 6.938/81 e regulamentados por diversas normas ambientais.

Nesse sentido, dispõe o artigo 9º, da Lei 6.938/81, que são instrumentos da PNMA:

> I - o estabelecimento de padrões de qualidade ambiental;
>
> II - o zoneamento ambiental;
>
> III - a avaliação de impactos ambientais;
>
> IV - o licenciamento e a revisão de atividades efetiva ou potencialmente poluidoras;
>
> V - os incentivos à produção e instalação de equipamentos e a criação ou absorção de tecnologia, voltados para a melhoria da qualidade ambiental;

> VI - a criação de espaços territoriais especialmente protegidos pelo Poder Público federal, estadual e municipal, tais como áreas de proteção ambiental, de relevante interesse ecológico e reservas extrativistas;
>
> VII - o sistema nacional de informações sobre o meio ambiente;
>
> VIII - o Cadastro Técnico Federal de Atividades e Instrumentos de Defesa Ambiental;
>
> IX - as penalidades disciplinares ou compensatórias ao não cumprimento das medidas necessárias à preservação ou correção da degradação ambiental;
>
> X - a instituição do Relatório de Qualidade do Meio Ambiente, a ser divulgado anualmente pelo Instituto Brasileiro do Meio Ambiente e Recursos Naturais Renováveis - IBAMA;
>
> XI - a garantia da prestação de informações relativas ao Meio Ambiente, obrigando-se o Poder Público a produzi-las, quando inexistentes;
>
> XII - o Cadastro Técnico Federal de atividades potencialmente poluidoras e/ou utilizadoras dos recursos ambientais;
>
> XIII - instrumentos econômicos, como concessão florestal, servidão ambiental, seguro ambiental e outros.

Este rol é meramente exemplificativo, pois existem outros instrumentos da PNMA espalhados pela legislação ambientais, a exemplo dos fundos ambientais públicos e privados. Estes importantes instrumentos expressamente listados na Lei 6.938/81 serão analisados separadamente a seguir:

4.3.1. Padrões de qualidade ambiental

É possível definir os padrões de qualidade ambiental como o reflexo do estado ambiental de determinado ou determinados recursos ambientais, usualmente fixados numericamente em normas ambientais lastreadas em fundamentos técnicos, com o objetivo de manter o equilíbrio ambiental e a saúde humana.

De efeito, compete ao CONAMA estabelecer padrões relativos ao controle e à manutenção da qualidade do meio ambiente com vistas ao uso racional dos recursos ambientais, principalmente os hídricos, bem como os padrões nacionais de controle da poluição por veículos automotores, aeronaves e embarcações, mediante audiência dos Ministérios competentes.

É possível a edição de padrões de qualidade de acordo com cada recurso natural isoladamente, a exemplo do ar. Nesse sentido, de acordo com a Resolução CONAMA 09/1990, são padrões de qualidade do ar as concentrações de poluentes atmosféricos que, ultrapassadas, poderão afetar a saúde, a segurança e o bem-estar da população, bem como ocasionar danos à flora e à fauna, aos materiais e ao meio ambiente em geral.

Outrossim, os estados, o Distrito Federal e os municípios também poderão fixar padrões de qualidade ambiental, normalmente podendo editar normas mais restritivas, de acordo com os interesses regionais e locais.

4.3.2. Zoneamento ambiental

O zoneamento ambiental, também conhecido como zoneamento ecológico-econômico, é mais um importante instrumento da PNMA e consiste na ordenação territorial em zonas de acordo com o melhor interesse ambiental. Entretanto, parte da doutrina entende que a expressão zoneamento ambiental é mais ampla, sendo o zoneamento ecológico-econômico uma de suas espécies.

De acordo com o artigo 2º, do Decreto 4.297/2002, o zoneamento ecológico-econômico é o instrumento de organização do território a ser obrigatoriamente seguido na implantação de planos, obras e atividades públicas e privadas, estabelecendo medidas e padrões de proteção ambiental destinados a assegurar a qualidade ambiental, dos recursos hídricos e do solo e a conservação da biodiversidade, garantindo o desenvolvimento sustentável e a melhoria das condições de vida da população, tendo por objetivo geral organizar, de forma vinculada, as decisões dos agentes públicos e privados quanto a planos, programas, projetos e atividades que, direta ou indiretamente, utilizem recursos naturais, assegurando a plena manutenção do capital e dos serviços ambientais dos ecossistemas.

É possível a aprovação de zoneamentos ambientais por todas as entidades políticas (nacionais, regionais, estaduais ou municipais), tendo em conta ser competência material comum a proteção ambiental e o controle da poluição.

No Brasil, há mais de trinta anos, já existe o **zoneamento industrial**, espécie de zoneamento ambiental, na forma do quanto previsto na Lei 6.803/80, editada já naquela época para mapear as áreas críticas de poluição. Foram instituídas quatro espécies de zonas:

ATENÇÃO

A) Zonas de uso estritamente industrial – Destinam-se, preferencialmente, à localização de estabelecimentos industriais cujos resíduos sólidos, líquidos e gasosos, ruídos, vibrações, emanações e radiações possam causar perigo à saúde, ao bem-estar e à segurança das populações, mesmo depois da aplicação de métodos adequados de controle e tratamento de efluentes, nos termos da legislação vigente;

B) Zonas de uso predominantemente industrial – Destinam-se, preferencialmente, à instalação de indústrias cujos processos, submetidos a métodos adequados de controle e tratamento de efluentes, não causem incômodos sensíveis às demais atividades urbanas e nem perturbem o repouso noturno das populações;

C) Zonas de uso diversificado – Destinam-se à localização de estabelecimentos industriais, cujo processo produtivo seja complementar das atividades do meio urbano ou rural que se situem, e com elas se compatibilizem, independentemente do uso de métodos especiais de controle da poluição, não ocasionando, em qualquer caso, inconvenientes à saúde, ao bem-estar e à segurança das populações vizinhas;

D) Zonas de reserva ambiental – São as que, por suas características culturais, ecológicas, paisagísticas, ou pela necessidade de preservação de mananciais e proteção de áreas especiais, ficará vedada a localização de estabelecimentos industriais.

As zonas de uso industrial, independentemente de sua categoria, ainda serão classificadas em não saturadas, em vias de saturação e saturadas.

4.3.3. Avaliação de impactos ambientais (ou estudos ambientais)

As avaliações de impacto ambiental – AIA, mais conhecidas como **estudos ambientais**, são

> "todos e quaisquer estudos relativos aos aspectos ambientais relacionados à localização, instalação, operação e ampliação de uma atividade ou empreendimento, apresentado como subsídio para a análise da licença requerida, tais como: relatório ambiental, plano e projeto de controle ambiental, relatório ambiental preliminar, diagnóstico ambiental, plano de manejo, plano de recuperação de área degradada e análise preliminar de risco" (artigo 1º, inciso III, da Resolução CONAMA 237/97).

Por conseguinte, a expressão estudos ambientais (ou AIA) é um gênero, sendo listadas acima espécies de avaliação de impactos ambientais.

De seu turno, considera-se impacto ambiental

> "qualquer alteração das propriedades físicas, químicas e biológicas do meio ambiente, causada por qualquer forma de matéria ou energia resultante das atividades humanas que, direta ou indiretamente, afetam: I - a saúde, a segurança e o bem-estar da população; II - as atividades sociais e econômicas; III - a biota; IV - as condições estéticas e sanitárias do meio ambiente; V - a qualidade dos recursos ambientais" (artigo 1º, da Resolução CONAMA 01/1986).

A categoria de estudo ambiental mais importante goza de previsão expressa na Constituição Federal de 1988. Trata-se do **EIA (Estudo de Impacto Ambiental)**, também chamado por alguns autores de EPIA (Estudo Prévio de Impacto Ambiental).

ATENÇÃO

De acordo com o artigo 225, §1º, inciso IV, da Lei Maior, incumbe ao Poder Público "exigir, na forma da lei, para instalação de obra ou atividade potencialmente causadora de significativa degradação do meio ambiente, estudo prévio de impacto ambiental, a que se dará publicidade". Logo, é possível extrair as seguintes características do EIA ou EPIA:

A) Prévio (é elaborado antes de desenvolvimento da atividade estudada);

B) Público (salvo o sigilo comercial e industrial das empresas);

C) Apenas será exigido se a atividade puder causar ***significativa degradação ambiental.***

Consequentemente, apenas os grandes empreendimentos exigirão o EPIA, pois aptos a gerar uma significativa degradação ambiental. Caso os impactos ambientais esperados não sejam significativos, o órgão ambiental licenciador deverá exigir do proponente um estudo ambiental mais simples.

Demais disso, não é válida norma estadual que cria uma exceção à previsão constitucional do EIA, conforme pronunciamento do STF.

POSIÇÃO DO STF

"AÇÃO DIRETA DE INCONSTITUCIONALIDADE. ARTIGO 182, § 3º, DA CONSTITUIÇÃO DO ESTADO DE SANTA CATARINA. ESTUDO DE IMPACTO AMBIENTAL. CONTRARIEDADE AO ARTIGO 225, § 1º, IV, DA CARTA DA REPÚBLICA. A norma impugnada, ao dispensar a elaboração de estudo prévio de impacto ambiental no caso de áreas de florestamento ou reflorestamento para fins empresariais, cria exceção incompatível com o disposto no mencionado inciso IV do § 1º do artigo 225 da Constituição Federal. Ação julgada procedente, para declarar a inconstitucionalidade do dispositivo constitucional catarinense sob enfoque" (ADI 1.086, de 12.12.2001).

POSIÇÃO DO STJ

"Tanto a legislação federal quanto a estadual dispõem ser imprescindível a prévia existência de EIA/RIMA para a imposição da condicionante de compensação ambiental, exigência que não pode se dar a puro e simples critério de conveniência e oportunidade do órgão ambiental. É dever da autoridade ambiental estadual, nos casos em que o empreendimento seja potencialmente causador de significativa degradação ambiental, exigir que o empreendedor realize o EIA/RIMA e, a partir dele e se necessário, exigir eventual compensação ambiental, o que não ocorreu. AREsp 1186280, de 14/09/2021.

E como se sabe se a atividade pode gerar, efetiva ou potencialmente, significativa degradação ambiental? O artigo 2º, da **Resolução CONAMA 01/1986**, traz uma listagem ***meramente exemplificativa*** dos empreendimentos em que o CONAMA presume a significativa degradação do ambiente:

> "I – Estradas de rodagem com duas ou mais faixas de rolamento;
>
> II – Ferrovias;
>
> III – Portos e terminais de minério, petróleo e produtos químicos;
>
> IV – Aeroportos, conforme definidos pelo inciso 1, artigo 48, do Decreto-Lei 32, de 18.11.66;
>
> V – Oleodutos, gasodutos, minerodutos, troncos coletores e emissários de esgotos sanitários;
>
> VI – Linhas de transmissão de energia elétrica, acima de 230KV;
>
> VII – Obras hidráulicas para exploração de recursos hídricos, tais como: barragem para fins hidrelétricos, acima de 10MW, de saneamento ou de irrigação, abertura de canais para navegação, drenagem e irrigação, retificação de cursos d'água, abertura de barras e embocaduras, transposição de bacias, diques;
>
> VIII – Extração de combustível fóssil (petróleo, xisto, carvão);
>
> IX – Extração de minério, inclusive os da classe II, 23 definidas no Código de Mineração;
>
> X – Aterros sanitários, processamento e destino final de resíduos tóxicos ou perigosos;
>
> XI – Usinas de geração de eletricidade, qualquer que seja a fonte de energia primária, acima de 10MW;
>
> XII – Complexo e unidades industriais e agroindustriais (petroquímicos, siderúrgicos, cloroquímicos, destilarias de álcool, hulha, extração e cultivo de recursos hídricos);

XIII – Distritos industriais e zonas estritamente industriais – ZEI;

XIV – Exploração econômica de madeira ou de lenha, em áreas acima de 100 hectares ou menores, quando atingir áreas significativas em termos percentuais ou de importância do ponto de vista ambiental;

XV – Projetos urbanísticos, acima de 100 ha ou em áreas consideradas de relevante interesse ambiental a critério da SEMA e dos órgãos municipais e estaduais competentes;

XVI – Qualquer atividade que utilize carvão vegetal, em quantidade superior a dez toneladas por dia;

XVII – Projetos Agropecuários que contemplem áreas acima de 1.000 ha ou menores, neste caso, quando se tratar de áreas significativas em termos percentuais ou de importância do ponto de vista ambiental, inclusive nas áreas de proteção ambiental;

XVIII – Empreendimentos potencialmente lesivos ao patrimônio espeleológico nacional"

Logo, como esse rol é aberto, é possível que o órgão ambiental licenciador exija o EPIA em outras atividades, desde que constatado concretamente o potencial de gerar uma significativa degradação ambiental.

POSIÇÃO DO STJ

*"O órgão estadual afastou a necessidade de realização do estudo prévio de impacto ambiental no caso, **decisão passível de análise pelo Poder Judiciário, diante do princípio da inafastabilidade da jurisdição**" (REsp 1330841, de 06/08/2013).*

ATENÇÃO

*O EIA será realizado por **equipe multidisciplinar habilitada**, correndo por conta do proponente do projeto todas as despesas e custos referentes à realização do estudo de impacto ambiental. Logo, não é o órgão ambiental quem fará o estudo nem indicará os profissionais que irão elaborá-lo.*

Frise-se que o empreendedor e os profissionais que subscrevem os estudos ambientais são responsáveis pelas informações apresentadas, sujeitando-se solidariamente às sanções administrativas, civis e penais.

O EIA deverá diagnosticar ambientalmente a área de influência do projeto completa descrita e analisar os recursos ambientais e suas interações; analisar impactos ambientais positivos (benéficos) e negativos (adversos), diretos e indiretos, decorrentes do projeto e de suas alternativas; definir as medidas mitigadoras dos impactos negativos; elaborar programa de acompanhamento e monitoramento.

O EIA possuirá uma conclusão pela viabilidade ou inviabilidade ambiental do projeto estudado, manifestação que não vinculará o órgão ambiental licenciador, que poderá rejeitá-la de maneira fundamentada.

> **ATENÇÃO**
>
> *Além do EIA, que goza de previsão constitucional, há ainda o* ***RIMA (Relatório de Impacto Ambiental)****, que é previsto no artigo 9º, da Resolução CONAMA 01/1986. Trata-se de documento conexo ao EIA que contém as suas conclusões, devendo ser apresentado de forma objetiva e adequada a sua compreensão, em linguagem acessível à população, pois é dotado de publicidade.*
>
> *É possível que seja designada* ***audiência pública*** *para o debate do RIMA pela comunidade a ser afetada pelo empreendimento, que tem por finalidade expor aos interessados o conteúdo do produto em análise e do seu referido relatório, dirimindo dúvidas e recolhendo dos presentes as críticas e sugestões a respeito, consoante previsto no artigo 1º, da Resolução CONAMA 09/1987.*

Assim, sempre que julgar necessário, ou quando for solicitado por entidade civil, pelo Ministério Público, ou por 50 ou mais cidadãos, o Órgão de Meio Ambiente promoverá a realização de audiência pública.

Dessa forma, caso não realizada uma das hipóteses acima, é juridicamente possível que não haja a realização de audiência pública para o debate do RIMA.

Contudo, se verificada em concreto uma causa de sua promoção, a exemplo de abaixo assinado com, ao menos, 50 pedidos, a ausência da realização da audiência pública gerará a invalidação das licenças ambientais eventualmente expedidas.

Deveras, prevê o artigo 2º, §2º, da Resolução CONAMA 09/1987, que "no caso de haver solicitação de audiência pública e na hipótese do Órgão Estadual não realizá-la, a licença concedida não terá validade".

Deverá ser publicado um edital, a partir da data do recebimento do RIMA, anunciando-se pela imprensa local a abertura do prazo que será no mínimo de 45 dias para solicitação de audiência pública, que poderá se mais de uma, como ocorreu no processo de licenciamento ambiental de transposição do Rio São Francisco, em função da localização geográfica dos solicitantes e da complexidade do tema.

Por fim, conforme precedente do STF, é inconstitucional lei estadual que submete o RIMA ao crivo do Poder Legislativo estadual, por violar a Princípio da Separação dos Poderes.

> ***POSIÇÃO DO STF***
>
> *"AÇÃO DIRETA DE INCONSTITUCIONALIDADE. ART. 187 DA CONSTITUIÇÃO DO ESTADO DO ESPÍRITO SANTO. RELATÓRIO DE IMPACTO AMBIENTAL. APROVAÇÃO PELA ASSEMBLÉIA LEGISLATIVA. VÍCIO MATERIAL. AFRONTA AOS ARTIGOS 58, § 2º, E 225, § 1º, DA CONSTITUIÇÃO DO BRASIL. 1. É inconstitucional preceito da Constituição do Estado do Espírito Santo que submete o Relatório de Impacto Ambiental – RIMA – ao crivo de comissão permanente e específica da Assembleia Legislativa. 2. A concessão de autorização para desenvolvimento de atividade potencialmente danosa ao meio ambiente consubstancia ato do Poder de Polícia – ato da Administração Pública – entenda-se ato do Poder Executivo. 3. Ação julgada procedente para declarar inconstitucional o trecho final do artigo § 3º do artigo 187 da Constituição do Estado do Espírito Santo" (ADI 1.505, de 24.11.2004).*

Uma outra espécie de avaliação de impacto ambiental ou estudo ambiental é o **EIV – Estudo de Impacto de Vizinhança**, situado na zona do *meio ambiente artificial* e previsto nos artigos 36/38, da Lei 10.257/01 (Estatuto da Cidade), sendo classificado como um importante instrumento para a consecução da política urbana, devendo os seus documentos serem publicizados e disponíveis para a consulta de qualquer interessado.

O EIV irá apreciar os efeitos positivos e negativos do empreendimento ou atividade estudada quanto à qualidade de vida da população residente na área e suas proximidades, incluindo a análise, no mínimo, do adensamento populacional, dos equipamentos urbanos e comunitários, do uso e ocupação do solo, da valorização imobiliária, da geração de tráfego e demanda por transporte público, da ventilação e iluminação e da paisagem urbana e patrimônio natural e cultura.

Contudo, como não poderia deixar de ser, o Estatuto da Cidade não definiu as atividades sujeitas ao EIV, pois será lei municipal quem definirá os empreendimentos e atividades privados ou públicos em área urbana que dependerão de elaboração de estudo prévio de impacto de vizinhança para obter as licenças ou autorizações de construção, ampliação ou funcionamento a cargo do Poder Público municipal.

Por fim, vale frisar que a elaboração do EIV não substitui a elaboração e a aprovação de estudo prévio de impacto ambiental (EPIA), requerido nos termos da legislação ambiental, cabível quando a atividade puder causar significativa degradação ambiental, nos termos do artigo 225, §1º, inciso IV, da Constituição Federal.

4.3.4. Licenciamento ambiental

O licenciamento ambiental é talvez o principal instrumento da PNMA, pois decorre do poder de polícia ambiental e objetiva controlar a poluição de empreendimentos a fim de mantê-la dentro dos padrões de tolerância da legislação.

É definido como o

> "procedimento administrativo pelo qual o órgão ambiental competente licencia a localização, instalação, ampliação e a operação de empreendimentos e atividades utilizadoras de recursos ambientais, consideradas efetiva ou potencialmente poluidoras ou daquelas que, sob qualquer forma, possam causar degradação ambiental, considerando as disposições legais e regulamentares e as normas técnicas aplicáveis ao caso" (artigo 1º, inciso I, da Resolução CONAMA 237/97).

O artigo 2º, inciso I, da Lei Complementar 140/2011, define o **licenciamento ambiental** como

> "o procedimento administrativo destinado a licenciar atividades ou empreendimentos utilizadores de recursos ambientais, efetiva ou potencialmente poluidores ou capazes, sob qualquer forma, de causar degradação ambiental".

Estão sujeitas ao prévio licenciamento ambiental as atividades listadas no anexo I, da Resolução CONAMA 237/97, que formam um rol meramente exemplificativo, pois compete ao órgão ambiental licenciador definir os critérios de exigibilidade, o detalhamento e a complementação do citado anexo, levando em consideração as especificidades, os riscos ambientais, o porte e outras características do empreendimento ou atividade.

No Brasil, em termos nacionais, a sua exigência foi positivada no artigo 10, da Lei 6.938/81, atualmente com redação dada pela LC 140/2011. De acordo com a cabeça desse dispositivo,

> **"a construção, instalação, ampliação e funcionamento de estabelecimentos e atividades utilizadores de recursos ambientais, efetiva ou potencialmente poluidores ou capazes,**

sob qualquer forma, de causar degradação ambiental dependerão de prévio licenciamento ambiental".

De acordo com a Constituição Federal de 1988, é competência comum entre a União, os estados, o Distrito Federal e os municípios o controle da poluição em qualquer de suas formas (artigo 23, inciso VI), razão pela qual todos os entes federativos possuem competência para promover o licenciamento ambiental, conforme convalidado pela Lei Complementar 140/2011.

Nos termos da LC 140/2011, **compete à União** (através do IBAMA) o licenciamento ambiental dos seguintes empreendimentos:

a) localizados ou desenvolvidos conjuntamente no Brasil e em país limítrofe;

b) localizados ou desenvolvidos no mar territorial, na plataforma continental ou na zona econômica exclusiva;

c) localizados ou desenvolvidos em terras indígenas;

d) localizados ou desenvolvidos em unidades de conservação instituídas pela União, exceto em Áreas de Proteção Ambiental (APAs);

e) localizados ou desenvolvidos em 2 (dois) ou mais Estados;

f) de caráter militar, excetuando-se do licenciamento ambiental, nos termos de ato do Poder Executivo, aqueles previstos no preparo e emprego das Forças Armadas, conforme disposto na Lei Complementar nº 97, de 9 de junho de 1999;

g) destinados a pesquisar, lavrar, produzir, beneficiar, transportar, armazenar e dispor material radioativo, em qualquer estágio, ou que utilizem energia nuclear em qualquer de suas formas e aplicações, mediante parecer da Comissão Nacional de Energia Nuclear (Cnen); ou

h) que atendam tipologia estabelecida por ato do Poder Executivo, a partir de proposição da Comissão Tripartite Nacional, assegurada a participação de um membro do Conselho Nacional do Meio Ambiente (Conama), e considerados os critérios de porte, potencial poluidor e natureza da atividade ou empreendimento;

Por se tratar de hipótese aberta de competência federal e, portanto, depender de regulamentação, foi editado o Decreto 8.437, de 22 de abril de 2015, que estabeleceu as tipologias de empreendimentos e atividades cujo licenciamento ambiental será de competência da União. Nesse sentido, serão licenciados pelo IBAMA os seguintes empreendimentos:

I – rodovias federais:

a) implantação;

b) pavimentação e ampliação de capacidade com extensão igual ou superior a duzentos quilômetros;

c) regularização ambiental de rodovias pavimentadas, podendo ser contemplada a autorização para as atividades de manutenção, conservação, recuperação, restauração, ampliação de capacidade e melhoramento; e

d) atividades de manutenção, conservação, recuperação, restauração e melhoramento em rodovias federais regularizadas;

II – ferrovias federais:

a) implantação;

b) ampliação de capacidade; e

c) regularização ambiental de ferrovias federais;

III – hidrovias federais:

a) implantação; e

b) ampliação de capacidade cujo somatório dos trechos de intervenções seja igual ou superior a duzentos quilômetros de extensão;

IV – portos organizados, exceto as instalações portuárias que movimentem carga em volume inferior a 450.000 TEU/ano ou a 15.000.000 ton/ano;

V – terminais de uso privado e instalações portuárias que movimentem carga em volume superior a 450.000 TEU/ano ou a 15.000.000 ton/ano;

VI – exploração e produção de petróleo, gás natural e outros hidrocarbonetos fluidos nas seguintes hipóteses:

a) exploração e avaliação de jazidas, compreendendo as atividades de aquisição sísmica, coleta de dados de fundo (*piston core*), perfuração de poços e teste de longa duração quando realizadas no ambiente marinho e em zona de transição terra-mar (*offshore*);

b) produção, compreendendo as atividades de perfuração de poços, implantação de sistemas de produção e escoamento, quando realizada no ambiente marinho e em zona de transição terra-mar (*offshore*); e

c) produção, quando realizada a partir de recurso não convencional de petróleo e gás natural, em ambiente marinho e em zona de transição terra-mar (*offshore*) ou terrestre (*onshore*), compreendendo as atividades de perfuração de poços, fraturamento hidráulico e implantação de sistemas de produção e escoamento; e

VII – sistemas de geração e transmissão de energia elétrica, quais sejam:

a) usinas hidrelétricas com capacidade instalada igual ou superior a trezentos megawatts;

b) usinas termelétricas com capacidade instalada igual ou superior a trezentos megawatts; e

c) usinas eólicas, no caso de empreendimentos e atividades *offshore* e zona de transição terra-mar.

> ***POSIÇÃO DO STJ***
> *"Compete, originalmente, ao IBAMA a expedição de licença ambiental para a execução de obras e empreendimentos que se localizam ou se desenvolvem em dois ou mais estados ou cujos impactos ambientais ultrapassem os limites territoriais de um ou mais estados da federação. Inteligência do art. 10, § 4º, da Lei n. 6.938/81, com as alterações feita pela Lei n. 12.856/2013; da Resolução 237/97 do CONAMA e da LC 140/2011" (RMS 41551, de 22/04/2014).*

Por sua vez, será de **competência municipal** licenciar as seguintes atividades:

a) que causem ou possam causar impacto ambiental de âmbito local, conforme tipologia definida pelos respectivos Conselhos Estaduais de Meio Ambiente, considerados os critérios de porte, potencial poluidor e natureza da atividade; ou

b) localizados em unidades de conservação instituídas pelo Município, exceto em Áreas de Proteção Ambiental (APAs);

c) a supressão e o manejo de vegetação, de florestas e formações sucessoras em florestas públicas municipais e unidades de conservação

instituídas pelo Município, exceto em Áreas de Proteção Ambiental (APAs); e

d) a supressão e o manejo de vegetação, de florestas e formações sucessoras em empreendimentos licenciados ou autorizados, ambientalmente, pelo Município.

Já os **estados** irão licenciar os empreendimentos pelo **critério residual**, devendo promover o licenciamento ambiental de atividades ou empreendimentos utilizadores de recursos ambientais, efetiva ou potencialmente poluidores ou capazes, sob qualquer forma, de causar degradação ambiental, ressalvadas as competências federais e municipais.

Logo, os empreendimentos não compreendidos como de competência federal ou municipal, deverão ser licenciados pelos estados da federação brasileira.

No que concerne ao **Distrito Federal**, que não possui municípios, este irá concentrar as competências estaduais e municipais na promoção do licenciamento ambiental.

ATENÇÃO

De seu turno, no que tange ao licenciamento ambiental nas áreas de proteção ambiental (APA's), o critério do ente federativo instituidor da unidade de conservação não será aplicado, e sim alguns critérios acima vistos (competência federal: letras "a", "b", "e", "f" e "h – competência municipal: letra "a" – competência estadual: caráter residual).

Destarte, v.g., se houver um empreendimento em APA localizada em zona de fronteira do Brasil, no mar territorial ou que ultrapasse um estado da federação, a competência para o licenciamento ambiental será federal, mesmo que a APA seja estadual ou municipal.

ATENÇÃO

Nos termos do artigo 17, da LC 140/2011, compete ao órgão responsável pelo licenciamento ou autorização, conforme o caso, de um empreendimento ou atividade, lavrar auto de infração ambiental e instaurar processo administrativo para a apuração de infrações à legislação ambiental cometidas pelo empreendimento ou atividade licenciada ou autorizada.

No entanto, isso não impede o exercício pelos entes federativos da atribuição comum de fiscalização da conformidade de empreendimentos e atividades efetiva ou potencialmente poluidores ou utilizadores de recursos naturais com a legislação ambiental em vigor, prevalecendo o auto de infração ambiental lavrado por órgão que detenha a atribuição de licenciamento ou autorização.

Dessa forma, mesmo que haja autuação do ente federativo responsável pelo licenciamento ambiental, na forma do artigo 17 da LC

140/2011, os demais entes terão legitimidade para agir na situação de omissão ou insuficiência na tutela fiscalizatória.

POSIÇÃO DO STF

Registre-se que no julgamento em dezembro de 2022 da **ADI 4.757** *o STF julgou* **improcedentes** *os pedidos de declaração de inconstitucionalidade dos arts. 4º, V e VI, 7º, XIII, XIV, "h", XV e parágrafo único, 8º, XIII e XIV, 9º, XIII e XIV, 14 § 3º, 15, 17, caput e §§ 2º, 20 e 21, Lei Complementar nº 140/2011 e, por arrastamento, da integralidade da legislação.*

Por outro lado, julgou **parcialmente procedente** ação direta para conferir **interpretação conforme à Constituição Federal:**

> (ii) ao § 3º[1] do art. 17 da Lei Complementar nº 140/2011, esclarecendo que a prevalência do auto de infração lavrado pelo órgão originalmente competente para o licenciamento ou autorização ambiental não exclui a atuação supletiva de outro ente federado, desde que comprovada omissão ou insuficiência na tutela fiscalizatória.

De acordo com o artigo 20, da Resolução CONAMA 237/97,

> "os entes federados, para exercerem suas competências licenciatórias, deverão ter implementados os Conselhos de Meio Ambiente, com caráter deliberativo e participação social e, ainda, possuir em seus quadros ou a sua disposição profissionais legalmente habilitados".

Destarte, apenas os municípios que possuam Conselho Municipal de Meio Ambiente com representantes da comunidade (como ocorre no CONAMA) e técnicos habilitados poderão licenciar empreendimentos que possam causar impacto local.

Outrossim, é possível que os órgãos municipais ambientais licenciem outros empreendimentos por delegação do estado-membro por instrumento legal ou convênio. Também os estados e o Distrito Federal poderão licenciar atividades de impactos regionais ou nacionais, se houver delegação da União.

No mesmo sentido dispõe o artigo 5º, da LC 140/2011, ao afirmar que o ente federativo poderá delegar, mediante convênio, a execução

---

1 § 3º O disposto no *caput* deste artigo não impede o exercício pelos entes federativos da atribuição comum de fiscalização da conformidade de empreendimentos e atividades efetiva ou potencialmente poluidores ou utilizadores de recursos naturais com a legislação ambiental em vigor, prevalecendo o auto de infração ambiental lavrado por órgão que detenha a atribuição de licenciamento ou autorização a que se refere o *caput*.

de ações administrativas a ele atribuídas, desde que o ente destinatário da delegação disponha de órgão ambiental capacitado a executar as ações administrativas a serem delegadas e de conselho de meio ambiente, considerando-se órgão ambiental capacitado aquele que possuir técnicos próprios ou em consórcio, devidamente habilitados e em número compatível com a demanda das ações administrativas a serem delegadas.

Vale registrar que a celebração desses convênios se situa dentro da autonomia do Poder Executivo, afrontando o Princípio da Separação de Poderes a submissão dessa competência executiva à autorização legal.

Essa "pérola" existiu no Estado de Roraima, em que lei complementar daquele ente condicionou à aprovação prévia pela Assembleia Legislativa os termos de cooperação e similares firmados naquele estado entre os componentes do Sistema Nacional do Meio Ambiente. Obviamente, o dispositivo foi declarado inconstitucional pelo STF.

POSIÇÃO DO STF

Informativo 919 STF - Proteção do meio ambiente: instrumentos de cooperação e competência do Poder Executivo

O Plenário julgou procedente pedido formulado em ação direta para declarar a inconstitucionalidade dos arts. 26 e 28, caput e parágrafo único, da Lei Complementar estadual 149 do estado de Roraima. Esses dispositivos condicionam à aprovação prévia pela Assembleia Legislativa os termos de cooperação e similares firmados naquele estado entre os componentes do Sistema Nacional do Meio Ambiente (SISNAMA).

O Tribunal entendeu ser inconstitucional, por violar o princípio da separação dos poderes, a aprovação prévia pelo Poder Legislativo estadual dos instrumentos de cooperação firmados pelos órgãos componentes do Sisnama.

A proteção ambiental é matéria de índole administrativa por envolver a execução de política pública, cuja competência é privativa do Poder Executivo, no nosso federalismo cooperativo, em que há o entrelaçamento entre as ações dos órgãos federais, estaduais e municipais para a proteção do meio ambiente.

Do mesmo modo, a transferência de responsabilidades ou atribuições de órgãos componentes do Sisnama é, igualmente, competência privativa do Executivo. Dessa forma, não pode ficar condicionada à aprovação prévia da casa legislativa local.

Por fim, o Colegiado asseverou que o Legislativo estadual poderá exercer a fiscalização dos atos praticados pelo Executivo, inclusive com o auxílio do Tribunal de Contas local, a posteriori, se houver alguma irregularidade. ***ADI 4348/RR, rel. Min. Ricardo Lewandowski, julgamento em 10.10.2018. (ADI-4348).***

Vale destacar que no processo de licenciamento ambiental deverá constar, obrigatoriamente, a certidão da Prefeitura Municipal, declarando que o local e o tipo de empreendimento ou atividade estão em conformidade com a legislação aplicável ao uso e ocupação do solo e, quando for o caso, a autorização para supressão de vegetação e a outorga para o uso da água, emitidas pelos órgãos competentes.

É que mesmo o licenciamento ambiental promovido pelo IBAMA ou pelo órgão estadual competente não dispensam a participação do município, que detém a competência constitucional para ordenar a ocupação do seu solo, na forma do artigo 30, inciso VIII, da Constituição Federal.

De acordo com o artigo 7º, da Resolução CONAMA 237/97,

> "os empreendimentos e atividades serão licenciados em um único nível de competência, conforme estabelecido nos artigos anteriores".

ATENÇÃO

No mesmo sentido, o artigo 13, da LC 140/2011, dispõe que os empreendimentos e atividades são licenciados ou autorizados, ambientalmente, por um único ente federativo.

No processo administrativo de licenciamento ambiental, o proponente do projeto busca a concessão das licenças ou autorizações ambientais, vez que a expressão "licenciamento" é utilizada em sentido amplo, não abarcando apenas as licenças propriamente ditas.

Vale salientar que a licença ambiental possui um regime jurídico *sui generis*, se comparada com a tradicional licença administrativa, esta última sendo vinculada e não precária, se incorporando ao patrimônio jurídico do outorgado.

ATENÇÃO

Inicialmente, em regra, não há apenas uma espécie de licença ambiental, e sim três, de acordo com o artigo 8º, da Resolução CONAMA 237/97:

***I – Licença Prévia (LP)** – concedida na fase preliminar do planejamento do empreendimento ou atividade aprovando sua localização e concepção, atestando a viabilidade ambiental e estabelecendo os requisitos básicos e condicionantes a serem atendidos nas próximas fases de sua implementação;*

***II – Licença de Instalação (LI)** – autoriza a instalação do empreendimento ou atividade de acordo com as especificações constantes dos planos, programas e projetos aprovados, incluindo as medidas de controle ambiental e demais condicionantes, da qual constituem motivo determinante;*

***III – Licença de Operação (LO)** – autoriza a operação da atividade ou empreendimento, após a verificação do efetivo cumprimento do que consta das licenças anteriores, com as medidas de controle ambiental e condicionantes determinados para a operação.*

Essas licenças poderão ser expedidas isolada ou sucessivamente, de acordo com a natureza, características e fase do empreendimento ou atividade, o que variará de acordo com a espécie de empreendimento a ser licenciado.

Por exceção, ao invés da concessão de três licenças ambientais (LP, LI e LO), é possível a adoção de procedimentos simplificados para as atividades e empreendimentos de pequeno potencial de impacto ambiental, que deverão ser aprovados pelos respectivos Conselhos de Meio Ambiente, com a expedição de uma licença única simplificada.

A depender da atividade econômica a ser licenciada, haverá um processo administrativo específico previsto em Resolução do CONAMA, como ocorre no licenciamento de atividades petrolíferas (Resolução CONAMA 23/1994).

Outrossim, as licenças ambientais estarão sujeitas a prazos mínimos e máximos de validade, conforme especificado no artigo 18, da Resolução CONAMA 237/97:

> I – O prazo de validade da *Licença Prévia (LP)* deverá ser, no mínimo, o estabelecido pelo cronograma de elaboração dos planos, programas e projetos relativos ao empreendimento ou atividade, não podendo ser superior a 5 (cinco) anos.
>
> II – O prazo de validade da *Licença de Instalação (LI)* deverá ser, no mínimo, o estabelecido pelo cronograma de instalação do empreendimento ou atividade, não podendo ser superior a 6 (seis) anos.
>
> III – O prazo de validade da *Licença de Operação (LO)* deverá considerar os planos de controle ambiental e será de, no mínimo, 4 (quatro) anos e, no máximo, 10 (dez) anos.

É possível a prorrogação dos prazos de validade das licenças, a critério do órgão ambiental licenciador. Contudo, na renovação da LO de uma atividade ou empreendimento, o órgão ambiental competente poderá, mediante decisão motivada, aumentar ou diminuir o seu prazo de validade, após avaliação do desempenho ambiental da atividade ou empreendimento no período de vigência anterior.

Ademais, visando resguardar o prosseguimento da atividade econômica da morosidade de alguns órgãos ambientais, prevê a Resolução CONAMA 237/97 que a renovação da LO de uma atividade ou empreendimento deverá ser requerida com antecedência mínima de 120 dias da expiração de seu prazo de validade, fixado na respectiva licença, ficando este automaticamente prorrogado até a manifestação definitiva do órgão ambiental competente.

Portanto, se o empreendedor for diligente e protocolizar o pedido de renovação da LO antes dos 120 últimos dias do vencimento, o silêncio administrativo é interpretado como prorrogação tácita da licença, até deliberação contrária expressa.

ATENÇÃO

A mesma sistemática foi adotada pela LC 140/2011, ao aduzir que os órgãos licenciadores devem observar os prazos estabelecidos para tramitação dos processos de licenciamento, assim como a renovação de licenças ambientais deve ser requerida com antecedência mínima de 120 dias da expiração de seu prazo de validade, fixado na respectiva licença, ficando este automaticamente prorrogado até a manifestação definitiva do órgão ambiental competente.

POSIÇÃO DO STF

Registre-se que no julgamento em dezembro de 2022 da ***ADI 4.757*** *o STF julgou* ***improcedentes*** *os pedidos de declaração de inconstitucionalidade dos arts. 4º, V e VI, 7º, XIII, XIV, "h", XV e parágrafo único, 8º, XIII e XIV, 9º, XIII e XIV, 14 § 3º, 15, 17, caput e §§ 2º, 20 e 21, Lei Complementar nº 140/2011 e, por arrastamento, da integralidade da legislação.*

Por outro lado, julgou **parcialmente procedente** ação direta para conferir **interpretação conforme à Constituição Federal:**

> (i) ao § 4º[2] do art. 14 da Lei Complementar nº 140/2011 para estabelecer que a omissão ou mora administrativa imotivada e desproporcional na manifestação definitiva sobre os pedidos de renovação de licenças ambientais instaura a competência supletiva do art. 15[3] e;

Dessa forma, quando há pedido de renovação de licenças ambientais requerido com antecedência mínima de 120 (cento e vinte) dias da expiração de seu prazo de validade, fixado na respectiva licença, ficando este automaticamente prorrogado até a manifestação definitiva do

[2] § 4º A renovação de licenças ambientais deve ser requerida com antecedência mínima de 120 (cento e vinte) dias da expiração de seu prazo de validade, fixado na respectiva licença, ficando este automaticamente prorrogado até a manifestação definitiva do órgão ambiental competente.

[3] Art. 15. Os entes federativos devem atuar em caráter supletivo nas ações administrativas de licenciamento e na autorização ambiental, nas seguintes hipóteses: I - inexistindo órgão ambiental capacitado ou conselho de meio ambiente no Estado ou no Distrito Federal, a União deve desempenhar as ações administrativas estaduais ou distritais até a sua criação; II - inexistindo órgão ambiental capacitado ou conselho de meio ambiente no Município, o Estado deve desempenhar as ações administrativas municipais até a sua criação; e III - inexistindo órgão ambiental capacitado ou conselho de meio ambiente no Estado e no Município, a União deve desempenhar as ações administrativas até a sua criação em um daqueles entes federativos.

órgão ambiental competente, **haverá a instauração da competência supletiva de que trata o artigo 15 da LC 140/2011.**

Impende salientar que **o órgão ambiental competente poderá estabelecer prazos de análise diferenciados para cada modalidade de licença** (LP, LI e LO), em função das peculiaridades da atividade ou empreendimento, bem como para a formulação de exigências complementares, desde que observado o prazo máximo de 6 (seis) meses a contar do ato de protocolar o requerimento até seu deferimento ou indeferimento, ressalvados os casos em que houver EIA/RIMA e/ou audiência pública, quando o prazo será de até 12 (doze) meses.

Assim, em regra, órgão ambiental terá seis meses para se manifestar sobre o pedido de licença, ou doze meses nas hipóteses de exigência de EIA-RIMA, sendo suspensa a contagem do prazo durante a elaboração dos estudos ambientais complementares ou preparação de esclarecimentos pelo empreendedor.

Já o requerente da licença terá 04 meses para atender à solicitação de esclarecimentos e complementações formuladas pelo órgão ambiental competente, a contar do recebimento da respectiva notificação.

De acordo com o artigo 16, da Resolução CONAMA 237/97, o não cumprimento dos prazos estipulados para análise do pedido de licença ou para o atendimento de esclarecimentos postulados pelo órgão ambiental sujeitará o licenciamento à ação do órgão que detenha competência para atuar supletivamente e o empreendedor ao arquivamento de seu pedido de licença.

Assim sendo, se o órgão ambiental municipal não analisar o pedido de licença ambiental no prazo legal, o órgão estadual assumirá o licenciamento ambiental. Caso o órgão estadual não cumpra os prazos, o IBAMA deverá atuar supletivamente.

ATENÇÃO

A atuação supletiva foi expressamente disciplinada pelo artigo 15, da LC 140/2011. Os entes federativos devem ***atuar em caráter supletivo*** *nas ações administrativas de licenciamento e na autorização ambiental, nas seguintes hipóteses:*

I – inexistindo órgão ambiental capacitado ou conselho de meio ambiente no Estado ou no Distrito Federal, a União deve desempenhar as ações administrativas estaduais ou distritais até a sua criação;

II – inexistindo órgão ambiental capacitado ou conselho de meio ambiente no Município, o Estado deve desempenhar as ações administrativas municipais até a sua criação; e

III – inexistindo órgão ambiental capacitado ou conselho de meio ambiente no Estado e no Município, a União deve desempenhar as ações administrativas até a sua criação em um daqueles entes federativos.

ATENÇÃO

*Já a **ação administrativa subsidiária** (auxílio) não se confunde com a **atuação em caráter supletivo** (substituição). A ação administrativa subsidiária dos entes federativos dar-se-á por meio de apoio técnico, científico, administrativo ou financeiro, sem prejuízo de outras formas de cooperação, devendo ser solicitada pelo ente originariamente detentor da atribuição nos termos desta Lei Complementar.*

Outrossim, a concessão da licença ambiental pressupõe a apresentação de algum estudo ambiental pelo proponente do projeto, o que não é exigido como condição ao deferimento da licença administrativa, a teor do artigo 3º, da Resolução CONAMA 237/97.

Talvez a característica mais marcante do regime jurídico peculiar da licença ambiental esteja positivado no artigo 19, inciso III, da Resolução CONAMA 237/97:

> "Art. 19 – O órgão ambiental competente, mediante decisão motivada, poderá modificar os condicionantes e as medidas de controle e adequação, suspender ou cancelar uma licença expedida, quando ocorrer:
>
> I – Violação ou inadequação de quaisquer condicionantes ou normas legais.
>
> II – Omissão ou falsa descrição de informações relevantes que subsidiaram a expedição da licença.
>
> III – superveniência de graves riscos ambientais e de saúde".

ATENÇÃO

*Assim sendo, a **licença ambiental** definitivamente não se incorpora ao patrimônio jurídico do empreendedor, pois poderá ser **alterada, suspensa ou cancelada** na hipótese de **graves e supervenientes risco ao meio ambiente ou a saúde pública.***

Inclusive, também com base no Princípio da Precaução, a jurisprudência vem admitindo a revogação da licença ambiental:

> "ADMINISTRATIVO. MANDADO DE SEGURANÇA. LICENÇA AMBIENTAL. REVOGAÇÃO IBAMA. CAMARÕES EXÓTICOS. Ressaltando o princípio da precaução, que deve nortear a autuação do poder público no que se refere à questão ambiental, e que reza não ser necessária a ocorrência do dano para que seja desencadeada a ação estatal, tenho que andou bem a sentença ao concluir não ser ilegal a revogação de licença, bem como não ser possível, em sede de mandado de segurança, o exame das adequações da atividade criatória de camarões exóticos, às disposições regulamentares

e ao termo de ajustamento de conduta" (TRF da 4ª Região, AMS 2003.70.00.027578-8, de 11.12.2007).

"AGRAVO REGIMENTAL EM AGRAVO DE INSTRUMENTO. PREJUÍZOS IMINENTES EM DECORRÊNCIA DA PARALISAÇÃO DE OBRA E POSSIBILIDADE DE INVIABILIZAÇÃO DO EMPREENDIMENTO TURÍSTICO. ÁGUAS PROVENIENTES DE POÇOS ARTESIANOS DAS BASES DAS FALÉSIAS. CONTINUIDADE DA OBRA CONDICIONADA À DRENAGEM, EM PRIMEIRO PLANO, DAS ÁGUAS ORIGINÁRIAS DO LENÇOL FREÁTICO. PROSSEGUIMENTO REGULAR DA OBRA CONDICIONADA À AUTORIZAÇÃO DA SEMACE.- A paralisação da obra, além de prejudicar os trabalhadores contratados, onera demasiadamente os proprietários que, adotaram todos os procedimentos legais para a obtenção da licença ambiental e do alvará de construção do empreendimento turístico.- A infiltração do lençol freático, deu-se após a concessão da licença ambiental pela Secretaria do Meio Ambiente do Estado do Ceará - SEMACE, podendo ser causa de revogação da referida licença, caso não efetivada drenagem que viabilize a construção da obra, sem risco de prejuízo ao meio ambiente e às pessoas que venham a transitar no futuro Resort.- Agravo Regimental parcialmente provido" (TRF da 5ª Região, AGA 2006.05.00.02473070-1, de 09.11.2006).

Vale registrar que atenta contra o Princípio de Separação dos Poderes lei que exige aprovação legislativa de licenciamento ambiental, pois se cuida de função do Poder Executivo deliberar a respeito da concessão de licenças ambientais.

POSIÇÃO DO STF

"Lei 1.315/2004, do Estado de Rondônia, que exige autorização prévia da Assembleia Legislativa para o licenciamento de atividades utilizadoras de recursos ambientais consideradas efetivas e potencialmente poluidoras, bem como capazes, sob qualquer forma, de causar degradação ambiental. ***Condicionar a aprovação de licenciamento ambiental à prévia autorização da Assembleia Legislativa implica indevida interferência do Poder Legislativo na atuação do Poder Executivo, não autorizada pelo art. 2º da Constituição.*** *Precedente: ADI 1.505. Compete à União legislar sobre normas gerais em matéria de licenciamento ambiental (art. 24, VI, da Constituição." (**ADI 3.252-MC**, rel. min. **Gilmar Mendes**, julgamento em 6-4-2005, Plenário, DJE de 24-10-2008.)*

Por fim, de acordo com o artigo 4º, inciso I, da Lei 10.650/03, deverão ser publicados em Diário Oficial e ficar disponíveis, no respectivo órgão, em local de fácil acesso ao público, listagens e relações contendo os dados referentes aos pedidos de licenciamento, sua renovação e a respectiva concessão.

4.3.5. Incentivos à produção e instalação de equipamentos e à criação ou absorção de tecnologia, voltados para a melhoria da qualidade ambiental

O Poder Público deve criar incentivos em favor das empresas que empreendam com o manejo de técnicas menos impactantes ao ambiente, objetivando reduzir a emissão da poluição. Nesse sentido, existe autorização constitucional no artigo 170, inciso VI, para tratamento diferenciado conforme o impacto ambiental dos produtos e serviços e de seus processos de elaboração e prestação.

Esses incentivos poderão ser das mais diversas ordens: redução de carga tributária, através da extrafiscalidade; créditos subsidiados; isenção tributária etc. Com o advento da **Emenda Constitucional 132/2023 (Reforma Tributária)**, que alterou o artigo 145 da Constituição, **a defesa do meio ambiente passou a ser princípio informador do Sistema Tributário Nacional.**

4.3.6. Criação de espaços territoriais especialmente protegidos pelo Poder Público

Trata-se de um dos instrumentos mais importantes para o real implemento da Política Nacional do Meio Ambiente. De acordo com o artigo 225, §1º, inciso III, da Constituição Federal, incumbe ao Poder Público

> "definir, em todas as unidades da Federação, espaços territoriais e seus componentes a serem especialmente protegidos, **sendo a alteração e a supressão permitidas somente através de lei**, vedada qualquer utilização que comprometa a integridade dos atributos que justifiquem sua proteção".

ATENÇÃO

Logo, a União, os estados, o Distrito Federal e os municípios deverão instituir espaços ambientais com regime especial de proteção, que apenas poderão ser ***extintos ou ter a proteção reduzida*** *por uma* ***lei****, mesmo que tenham sido instituídos por um decreto.*

De acordo com o artigo 2º do novo Código Florestal (Lei 12.651/2012),

> "as **florestas existentes no território nacional e as demais formas de vegetação**, reconhecidas de utilidade às terras que revestem, são **bens de interesse comum a todos os habitantes do País**, exercendo-se os direitos de propriedade, com as limitações que a legislação em geral e especialmente esta Lei estabelecem".

ATENÇÃO

*Vale lembrar ainda que de acordo com o artigo 225, §4º, da Constituição Federal, "**a Floresta Amazônica brasileira, a Mata Atlântica, a Serra do Mar, o Pantanal Mato-Grossense e a Zona Costeira são patrimônio nacional**, e sua utilização far-se-á, na forma da lei, dentro de condições que assegurem a preservação do meio ambiente, inclusive quanto ao uso dos recursos naturais".*

Ao pronunciar esses importantes Biomas como patrimônio nacional, a Constituição não converteu essas áreas em bens públicos, mas apenas expressou o interesse público na sua preservação e no seu desenvolvimento sustentável.

POSIÇÃO DO STF

*"Recurso extraordinário – Estação ecológica – Reserva florestal na serra do mar – Patrimônio nacional (CF, artigo 225, § 4.º) – Limitação administrativa que afeta o conteúdo econômico do direito de propriedade – Direito do proprietário a indenização – Dever estatal de ressarcir os prejuízos de ordem patrimonial sofridos pelo particular – RE não conhecido. – A norma inscrita no artigo 225, § 4.º, da Constituição deve ser interpretada de modo harmonioso com o sistema jurídico consagrado pelo ordenamento fundamental, notadamente com a cláusula que, proclamada pelo artigo 5.º, XXII, da Carta Política, garante e assegura o direito de propriedade em todas as suas projeções, inclusive aquela concernente a compensação financeira devida pelo Poder Público ao proprietário atingido por atos imputáveis a atividade estatal. **O preceito consubstanciado no artigo 225, § 4.º, da Carta da República, além de não haver convertido em bens públicos os imóveis particulares abrangidos pelas florestas e pelas matas nele referidas (Mata Atlântica, Serra do Mar, Floresta Amazônica brasileira), também não impede a utilização, pelos próprios particulares, dos recursos naturais existentes naquelas áreas que estejam sujeitas ao domínio privado, desde que observadas as prescrições legais e respeitadas as condições necessárias à preservação ambiental.** – A ordem constitucional dispensa tutela efetiva ao direito de propriedade (CF/1988, artigo 5.º, XXII). Essa proteção outorgada pela Lei Fundamental da República estende-se, na abrangência normativa de sua incidência tutelar, ao reconhecimento, em favor do dominus, da garantia de compensação financeira, sempre que o Estado, mediante atividade que lhe seja juridicamente imputável, atingir o direito de propriedade em seu conteúdo econômico, ainda que o imóvel particular afetado pela ação do Poder Público esteja localizado em qualquer das áreas referidas no artigo 225, § 4, da Constituição. **Direito ao meio ambiente ecologicamente equilibrado: a consagração constitucional de um típico direito de terceira geração** (CF, artigo 225, caput)" (RE 134.297, de 13.06.1995).*

Vale registrar que o **cerrado** e a **caatinga,** por uma falha omissiva constitucional, não foram formalmente declarados como patrimônio nacional.

Os mais importantes espaços ambientais protegidos são as áreas de preservação permanente, a reserva legal, as áreas de uso restrito e as unidades de conservação, sendo estudado também o regime jurídico especial do Bioma Mata Atlântica.

4.3.6.1. Área de Preservação Permanente (App)

De acordo com o artigo 3º, inciso II, do novo Código Florestal, a **APP** é a "área protegida, coberta ou não por vegetação nativa, com a função ambiental de preservar os recursos hídricos, a paisagem, a estabilidade geológica e a biodiversidade, facilitar o fluxo gênico de fauna e flora, proteger o solo e assegurar o bem-estar das populações humanas".

Logo, as APP's estão discriminadas nos artigos 4º e 6º do novo Código Florestal (Lei 12.651/2012), sendo áreas cobertas ou não por vegetação nativa, com a função ambiental de preservar os recursos naturais e o bem-estar do homem.

Vale frisar que as APP's tanto existem nas áreas urbanas quanto em áreas rurais. As APP's do artigo 4º, do Código Florestal, são as mais importantes, pois já foram criadas diretamente por esse dispositivo, tendo incidência *ex lege*:

> **I) Mata ciliar** - as faixas marginais de qualquer curso d'água natural perene e intermitente, excluídos os efêmeros, desde a borda da calha do leito regular, em largura mínima de:
>
> a) 30 metros, para os cursos d'água de menos de 10 metros de largura;
>
> b) 50 metros, para os cursos d'água que tenham de 10 a 50 metros de largura;
>
> c) 100 metros, para os cursos d'água que tenham de 50 a 200 metros de largura;
>
> d) 200 metros, para os cursos d'água que tenham de 200 a 600 metros de largura;
>
> e) 500 metros, para os cursos d'água que tenham largura superior a 600 metros.
>
> **II) as áreas no entorno dos lagos e lagoas naturais, em faixa com largura mínima de:**
>
> a) 100 metros, em zonas rurais, exceto para o corpo d'água com até 20 hectares de superfície, cuja faixa marginal será de 50 metros;
>
> b) 30 metros, em zonas urbanas.
>
> III) as áreas no entorno dos reservatórios d'água artificiais, decorrentes de barramento ou represamento de cursos d'água naturais, na faixa definida na licença ambiental do empreendimento.

IV) as áreas no **entorno das nascentes e dos olhos d'água perenes**, qualquer que seja sua situação topográfica, no raio mínimo de 50 metros;

V) **as encostas ou partes** destas com declividade superior a 45°, equivalente a 100% na linha de maior declive;

VI) as **restingas**, como fixadoras de dunas ou estabilizadoras de mangues;

VII) os **manguezais**, em toda a sua extensão;

VIII) as **bordas dos tabuleiros ou chapadas**, até a linha de ruptura do relevo, em faixa nunca inferior a 100 metros em projeções horizontais;

IX) **no topo de morros, montes, montanhas e serras**, com altura mínima de 100 metros e inclinação média maior que 25°, as áreas delimitadas a partir da curva de nível correspondente a 2/3 da altura mínima da elevação sempre em relação à base, sendo esta definida pelo plano horizontal determinado por planície ou espelho d'água adjacente ou, nos relevos ondulados, pela cota do ponto de sela mais próximo da elevação;

X) as áreas em **altitude superior a 1.800 metros**, qualquer que seja a vegetação;

XI) **em veredas**, a faixa marginal, em projeção horizontal, com largura mínima de 50 metros, a partir do limite do espaço brejoso e encharcado.

Portanto, a vegetação ao longo dos rios e demais cursos d'água estão situadas em APP, a depender da largura do curso de água, variando entre 30m e 500m, com o objetivo de evitar o assoreamento dos rios e ajudar a absorver as águas nas cheias, além de manter a segurança da população nas enchentes.

Registre que este dispositivo prevalecia sobre a Lei de Parcelamento do Solo Urbano, que prevê um recuo mínimo de 15 metros (art. 4°, *caput*, III, da Lei n. 6.766/1979), e não de 30 metros, por três motivos: o Código Florestal é lei especial, posterior e mais protetiva do ambiente.

POSIÇÃO DO STJ

Tema Repetitivo 1010 (28/04/2021): *Na vigência do novo Código Florestal (Lei n. 12.651/2012), a extensão não edificável nas Áreas de Preservação Permanente de qualquer curso d'água, perene ou intermitente, em trechos caracterizados como área urbana consolidada, deve respeitar o que disciplinado pelo seu art. 4º, caput, inciso I, alíneas a, b, c, d e e, a fim de assegurar a mais ampla garantia ambiental a esses espaços territoriais especialmente protegidos e, por conseguinte, à coletividade.*

No entanto, por força da **Lei 14.285/2021**, a Lei 6.766/79 foi alterada para prever que ao longo da faixa de domínio das ferrovias, será obrigatória a reserva de uma faixa não edificável de, no mínimo, 15 (quinze) metros de cada lado, sendo regra recente editada para derrubar a jurisprudência do STJ.

Ademais, ainda com lastro na Lei 14.285/2021, ao longo das águas correntes e dormentes, as áreas de faixas não edificáveis deverão respeitar a lei municipal ou distrital que aprovar o instrumento de planejamento territorial e que definir e regulamentar a largura das faixas marginais de cursos d´água naturais em área urbana consolidada, nos termos da Lei nº 12.651, de 25 de maio de 2012, com obrigatoriedade de reserva de uma faixa não edificável para cada trecho de margem, indicada em diagnóstico socioambiental elaborado pelo Município.

Ainda por força da Lei 14.285/2021, que implica em nítido retrocesso ecológico, em **áreas urbanas consolidadas**, ouvidos os conselhos estaduais, municipais ou distrital de meio ambiente, lei municipal ou distrital poderá **definir faixas marginais distintas na situação das faixas marginais de qualquer curso d'água natural perene e intermitente, excluídos os efêmeros**, com regras que estabeleçam:

> I – a não ocupação de áreas com risco de desastres;
>
> II – a observância das diretrizes do plano de recursos hídricos, do plano de bacia, do plano de drenagem ou do plano de saneamento básico, se houver; e
>
> III – a previsão de que as atividades ou os empreendimentos a serem instalados nas áreas de preservação permanente urbanas devem observar os casos de utilidade pública, de interesse social ou de baixo impacto ambiental fixados no Código Florestal.

Considera-se ***área urbana consolidada*** aquela que atenda os seguintes critérios: a) estar incluída no perímetro urbano ou em zona urbana pelo plano diretor ou por lei municipal específica; b) dispor de sistema viário implantado; c) estar organizada em quadras e lotes predominantemente edificados; d) apresentar uso predominantemente urbano, caracterizado pela existência de edificações residenciais, comerciais, industriais, institucionais, mistas ou direcionadas à prestação de serviços; e) dispor de, no mínimo, 2 (dois) dos seguintes equipamentos de infraestrutura urbana implantados: 1. drenagem de águas pluviais; 2. esgotamento sanitário; 3. abastecimento de água potável;

4. distribuição de energia elétrica e iluminação pública; e 5. limpeza urbana, coleta e manejo de resíduos sólidos.

Em síntese, nesta situação o Distrito Federal e os municípios poderão reduzir a proteção ambiental nas APPs situadas ao longo de curso d'água natural perene e intermitente, excluídos os efêmeros, podendo inclusive ser inferior a 30 metros.

Por sua vez, a vegetação no entorno de lagos, lagoas ou reservatórios de água artificial também é situada em APP. No caso dos reservatórios artificiais, a sua dimensão será fixada pela licença ambiental. Já nos lagos e lagoas naturais será observada a seguinte tabela:

ZONA RURAL	100m	Corpo d'água acima de 20 hectares de superfície
ZONA RURAL	50m	Corpo d'água com até 20 hectares de superfície
ZONA URBANA	30m	----

A vegetação das nascentes em um raio mínimo de 50m também está inserta em APP, pois é indispensável para manter a vida no olho d'água.

O texto normativo havia deixado dúvida sobre a proteção dos olhos d'água intermitentes, que foi sanada pelo STF em fevereiro de 2018.

POSIÇÃO DO STF

*Decidiu o STF, por maioria, vencidos os Ministros Gilmar Mendes, e, em parte, a Ministra Cármen Lúcia (Presidente), **dar interpretação conforme a Constituição para fixar a interpretação de que os entornos das nascentes e dos olhos d´água intermitentes configuram área de preservação permanente** (ADI 4901, 4902, 4903, 4937 e ADC 42).*

As encostas com declividade superior a 45 graus, topo de morros, montes e serras e a vegetação em altitude acima de 1.800m tem vegetação situada em APP, com o objetivo principal de evitar o deslizamento das terras, o mesmo ocorrendo nas bordas dos tabuleiros ou chapadas, a partir da linha de ruptura do relevo, em faixa nunca inferior a 100 (cem) metros em projeções horizontais.

Como inovação do novo Código Florestal (Lei 12.651/2012) em relação ao revogado (Lei 4.771/65), foram inseridos os **manguezais**

em toda a sua extensão e as **veredas** como áreas de preservação permanente.

Já as APP's do artigo 6º, do novo Código Florestal, dependem de um ato do Poder Público para existir, que deverá ser da lavra do Chefe do Poder Executivo. Logo, não possuem incidência *ex lege*:

> "Art. 6º Consideram-se, ainda, de preservação permanente, **quando declaradas de interesse social por ato do Chefe do Poder Executivo**, as áreas cobertas com florestas ou outras formas de vegetação destinadas a uma ou mais das seguintes finalidades:
>
> I - conter a erosão do solo e mitigar riscos de enchentes e deslizamentos de terra e de rocha;
>
> II - proteger as restingas ou veredas;
>
> III - proteger várzeas;
>
> IV - abrigar exemplares da fauna ou da flora ameaçados de extinção;
>
> V - proteger sítios de excepcional beleza ou de valor científico, cultural ou histórico;
>
> VI - formar faixas de proteção ao longo de rodovias e ferrovias;
>
> VII - assegurar condições de bem-estar público;
>
> VIII - auxiliar a defesa do território nacional, a critério das autoridades militares.
>
> IX – proteger áreas úmidas, especialmente as de importância internacional".

ATENÇÃO

Em regra, não será possível a exploração de vegetação situada em APP. Com efeito, a vegetação situada em Área de Preservação Permanente deverá ser mantida pelo proprietário da área, possuidor ou ocupante a qualquer título, pessoa física ou jurídica, de direito público ou privado. Caso tenha ocorrido supressão de vegetação situada em Área de Preservação Permanente, o proprietário da área, possuidor ou ocupante a qualquer título é obrigado a promover a recomposição da vegetação, tendo ***a obrigação natureza real*** *(propter rem) e sendo transmitida ao sucessor no caso de transferência de domínio ou posse do imóvel rural.*

Excepcionalmente, nos termos do artigo 8º, do novo Código Florestal, a supressão de vegetação em área de preservação permanente somente poderá ser autorizada em caso de **exploração de baixo impacto ambiental**, de **utilidade pública ou de interesse social.**

POSIÇÃO DO STF

Decidiu o STF, por maioria, ***dar interpretação conforme a Constituição de modo a se condicionar a intervenção excepcional em APP, por interesse social ou utilidade pública, à inexistência de alternativa técnica e/ou locacional à atividade proposta****, vencidos, em parte, os Ministros Gilmar Mendes e Celso de Mello (ADI 4901, 4902, 4903, 4937 e ADC 42).*

Desse modo, não basta que uma situação concreta se configure como de utilidade pública ou de interesse social para que o órgão ambiental competente possa autorizar a supressão de vegetação nativa situada em APP, sendo curial ainda que não haja outra alternativa técnica ou locacional ao empreendimento proposto, restaurando a sistemática que existia à luz do Código Florestal de 1965.

São casos de **utilidade pública:**

a) as atividades de segurança nacional e proteção sanitária;

b) as obras de infraestrutura destinadas às concessões e aos serviços públicos de transporte, sistema viário, inclusive aquele necessário aos parcelamentos de solo urbano aprovados pelos Municípios, saneamento, ~~gestão de resíduos, energia, telecomunicações, radiodifusão, instalações necessárias à realização de competições esportivas estaduais, nacionais ou internacionais~~, bem como mineração, exceto, neste último caso, a extração de areia, argila, saibro e cascalho;

c) atividades e obras de defesa civil;

d) atividades que comprovadamente proporcionem melhorias na proteção das funções ambientais referidas no inciso II deste artigo;

e) outras atividades similares devidamente caracterizadas e motivadas em procedimento administrativo próprio, quando inexistir alternativa técnica e locacional ao empreendimento proposto, definidas em ato do Chefe do Poder Executivo federal;

POSIÇÃO DO STF

Declarada pelo STF, por maioria, a inconstitucionalidade das expressões "gestão de resíduos" e "instalações necessárias à realização de competições esportivas estaduais, nacionais ou internacionais" constantes da letra B, *vencidos os Ministros Edson Fachin e Gilmar Mendes, e, em parte, o Ministro Alexandre de Moraes (ADI 4901, 4902, 4903, 4937 e ADC 42).* **Em sede de Embargos, houve modulação:** O Tribunal, por maioria, deu parcial provimento aos embargos de declaração para **(ii) atribuir efeitos prospectivos à declaração de**

inconstitucionalidade da expressão "gestão de resíduos" constante do artigo 3º, VIII, *b*, da Lei federal 12.651/2012 (Código Florestal), de sorte a possibilitar que os aterros sanitários já instalados, ou em vias de instalação ou ampliação, possam operar regularmente dentro de sua vida útil, sempre pressupondo o devido licenciamento ambiental e a observância dos termos e prazos dos contratos de concessão ou atos normativos autorizativos vigentes na data deste julgamento. Consectariamente, não é necessário retirar, após o fechamento da unidade, o material depositado, observadas todas as normas ambientais aplicáveis. Tudo nos termos do voto do Relator, vencidos a Ministra Rosa Weber, que proferiu voto em assentada anterior, e os Ministros Edson Fachin e Cármen Lúcia, que divergiam no tocante ao item (ii) quanto ao prazo de subsistência dos aterros sanitários. Não votou o Ministro Flávio Dino, sucessor da Ministra Rosa Weber. Presidência do Ministro Luís Roberto Barroso. Plenário, **24.10.2024.**

Isso porque não é razoável e ecologicamente adequado autorizar a supressão de vegetação em APP por utilidade pública para a gestão de resíduos (atividade de largo impacto ambiental) ou para construir estádios de futebol.

São hipóteses de **interesse social**:

a) as atividades imprescindíveis à proteção da integridade da vegetação nativa, tais como prevenção, combate e controle do fogo, controle da erosão, erradicação de invasoras e proteção de plantios com espécies nativas;

b) a exploração agroflorestal sustentável praticada na pequena propriedade ou posse rural familiar ou por povos e comunidades tradicionais, desde que não descaracterize a cobertura vegetal existente e não prejudique a função ambiental da área;

c) a implantação de infraestrutura pública destinada a esportes, lazer e atividades educacionais e culturais ao ar livre em áreas urbanas e rurais consolidadas, observadas as condições estabelecidas nesta Lei;

d) a regularização fundiária de assentamentos humanos ocupados predominantemente por população de baixa renda em áreas urbanas consolidadas, observadas as condições estabelecidas na Lei nº 11.977, de 7 de julho de 2009;

e) implantação de instalações necessárias à captação e condução de água e de efluentes tratados para projetos cujos recursos hídricos são partes integrantes e essenciais da atividade;

f) as atividades de pesquisa e extração de areia, argila, saibro e cascalho, outorgadas pela autoridade competente;

g) outras atividades similares devidamente caracterizadas e motivadas em procedimento administrativo próprio, quando inexistir alternativa técnica e locacional à atividade proposta, definidas em ato do Chefe do Poder Executivo federal;

> ***ATENÇÃO***
>
> *Considera-se como **pequena propriedade ou posse rural familiar** aquela explorada mediante o trabalho pessoal do agricultor familiar e empreendedor familiar rural, incluindo os assentamentos e projetos de reforma agrária, e que atenda ao disposto no artigo 3.º, da Lei 11.326, de 24 de julho de 2006 (Política Nacional da Agricultura Familiar e Empreendimentos Familiares Rurais), que exige que o imóvel rural seja de até **quatro módulos fiscais**, dentre outros requisitos (utilize predominantemente mão de obra da própria família nas atividades econômicas do seu estabelecimento ou empreendimento; tenha percentual mínimo da renda familiar originada de atividades econômicas do seu estabelecimento ou empreendimento, na forma definida pelo Poder Executivo; dirija seu estabelecimento ou empreendimento com sua família).*

O módulo fiscal variará de acordo com a região do Brasil, conforme as instruções normativas especiais editadas pelo INCRA, sendo também utilizado para o cálculo do Imposto Territorial Rural.

Outrossim, as **terras indígenas demarcadas** e as demais **áreas tituladas de povos e comunidades tradicionais** que façam uso coletivo do seu território terão o **mesmo tratamento jurídico** no novo CFlo dado à **pequena propriedade ou posse rural**.

> ***POSIÇÃO DO STF***
>
> *No entanto, o STF declarou a inconstitucionalidade das expressões "demarcadas" e "tituladas", por maioria, vencidos os Ministros Alexandre de Moraes e Gilmar Mendes (ADI 4901, 4902, 4903, 4937 e ADC 42).*

Desse modo, não mais é necessário que as terras indígenas sejam demarcadas ou que as áreas dos povos e comunidades tradicionais sejam tituladas para que essas áreas tenham o mesmo tratamento florestal da pequena propriedade rural, desde que haja uso coletivo do território.

Demais disso, consideram-se **atividades eventuais ou de baixo impacto ambiental**:

a) abertura de pequenas vias de acesso interno e suas pontes e pontilhões, quando necessárias à travessia de um curso d'água, ao acesso de pessoas e animais para a obtenção de água ou à retirada de produtos oriundos das atividades de manejo agroflorestal sustentável;

b) implantação de instalações necessárias à captação e condução de água e efluentes tratados, desde que comprovada a outorga do direito de uso da água, quando couber;

c) implantação de trilhas para o desenvolvimento do ecoturismo;

d) construção de rampa de lançamento de barcos e pequeno ancoradouro;

e) construção de moradia de agricultores familiares, remanescentes de comunidades quilombolas e outras populações extrativistas e tradicionais em áreas rurais, onde o abastecimento de água se dê pelo esforço próprio dos moradores;

f) construção e manutenção de cercas na propriedade;

g) pesquisa científica relativa a recursos ambientais, respeitados outros requisitos previstos na legislação aplicável;

h) coleta de produtos não madeireiros para fins de subsistência e produção de mudas, como sementes, castanhas e frutos, respeitada a legislação específica de acesso a recursos genéticos;

i) plantio de espécies nativas produtoras de frutos, sementes, castanhas e outros produtos vegetais, desde que não implique supressão da vegetação existente nem prejudique a função ambiental da área;

j) exploração agroflorestal e manejo florestal sustentável, comunitário e familiar, incluindo a extração de produtos florestais não madeireiros, desde que não descaracterizem a cobertura vegetal nativa existente nem prejudiquem a função ambiental da área;

j-A) atividades com o objetivo de **recompor a vegetação nativa no entorno de nascentes ou outras áreas degradadas**, conforme norma expedida pelo órgão competente do Sistema Nacional do Meio Ambiente (Sisnama); **(Incluído pela Lei nº 14.653, de 2023)**

k) outras ações ou atividades similares, reconhecidas como eventuais e de baixo impacto ambiental em ato do Conselho Nacional do Meio Ambiente - CONAMA ou dos Conselhos Estaduais de Meio Ambiente;

Entretanto, a supressão de vegetação nativa protetora de nascentes, dunas e restingas somente poderá ser autorizada em caso de utilidade pública.

POSIÇÃO DO STF

É inconstitucional lei estadual que legitime ocupações em solo urbano de área de preservação permanente (APP) fora das situações previstas em normas gerais editadas pela União. *ADI 5675/MG, rel. Min. Ricardo Lewandowski, julgamento virtual finalizado em 18.12.2021 (sexta-feira), às 23:59.*

Por fim, é permitido o acesso de pessoas e animais às Áreas de Preservação Permanente para obtenção de água e para realização de atividades de baixo impacto ambiental.

Evidente que os estados ou municípios não poderão reduzir as APP's criadas no Código Florestal, só podendo aumentar a esfera protetiva, e não reduzi-la, sob pena de invasão de competência federal e consequente inconstitucionalidade

POSIÇÃO DO STF

Informativo 916 - Competência concorrente e construções em Áreas de Proteção Permanente *- O Plenário julgou procedente pedido formulado em ação direta para declarar a inconstitucionalidade do art. 3º, III, I (1), da Lei 1.939/2008 do Estado do Tocantins, que permite construções destinadas exclusivamente ao lazer em Áreas de Preservação Permanente (APP), com área máxima de 190 metros quadrados.* ***O Tribunal entendeu configurada a inconstitucionalidade formal do dispositivo. O legislador tocantinense, ao conferir às Áreas de Proteção Ambiental (APP's) proteção deficitária em comparação ao regramento nacional (Código Florestal), extrapolou os limites da competência suplementar, decorrente da competência concorrente entre União e Estados (CF, art. 24, caput, VI, § 2º).*** *O colegiado reconheceu, ainda, a inconstitucionalidade material. Não há proporcionalidade e razoabilidade em expor bens jurídicos de máxima importância sem justificativa plausível, especialmente na construção de área de 190 metros quadrados dentro de APP com a mera finalidade de lazer, sem se importar com o tamanho do terreno do condomínio ou com os efeitos nefastos que podem ser gerados. Em áreas de preservações iguais ou menores a 190 metros quadrados, por exemplo, a construção acabará com a preservação. Além disso, embora a norma estabeleça que a construção não deva conter fossas sépticas ou outras fontes poluidoras, o simples fato de haver tubulações implica alteração do meio ambiente, fato que gera verdadeira lesão ambiental às APP's.* ***(ADI 4988/TO, rel. Min. Alexandre de Moraes, julgamento em 19.9.2018. (ADI-4988).***

POSIÇÃO DO STJ

A legislação municipal não pode reduzir o patamar mínimo de proteção marginal dos cursos d'água, em toda sua extensão, fixado pelo Código Florestal. AREsp 1.312.435-RJ, Rel. Min. Og Fernandes, por unanimidade, julgado em 07/02/2019, DJe 21/02/2019.

4.3.6.2. Reserva Legal (Rl)

De acordo com o artigo 3º, inciso II, da Lei 12.651/2012, área de **reserva legal** é a

> "área localizada no interior de uma propriedade ou posse rural, delimitada nos termos do art. 12, com a função de assegurar o uso econômico de modo sustentável dos recursos naturais do imóvel rural, auxiliar a conservação e a reabilitação dos processos ecológicos e promover a conservação da biodiversidade, bem como o abrigo e a proteção de fauna silvestre e da flora nativa".

Trata-se de mais um importante espaço territorial especialmente protegido, mas que **apenas se faz presente na zona rural**, inexistindo em propriedades urbanas. Equivale a um percentual mínimo da propriedade rural que o senhor ou possuidor do prédio rústico deve manter a vegetação nativa.

> **ATENÇÃO**
>
> *O percentual mínimo a que corresponderá à reserva legal variará de acordo com o Bioma e a região do Brasil, nos termos do artigo 12, do novo Código Florestal, podendo ser assim sintetizado:*
> *A) No mínimo de **80%**, nas propriedades rurais localizadas em área de **floresta na Amazônia Legal**;*
>
> *B) No mínimo de **35%**, nas propriedades rurais localizadas em área de **cerrado na Amazônia Legal**;*
> *C) No mínimo de **20%**, nos campos gerais situados na Amazônia Legal, assim como nas demais formas de vegetação em **outras regiões do Brasil**.*

Em regra, a vegetação situada em área de reserva legal não poderá ser suprimida. Contudo, será possível uma exploração que atenda a sustentabilidade, utilizada sob regime de **manejo florestal sustentável**, de acordo com princípios e critérios técnicos e científicos estabelecidos no regulamento, que se opera através de um corte seletivo de árvores com o objetivo de manter a perenidade dos recursos naturais.

Compete ao órgão ambiental estadual **indicar** ao proprietário ou possuir a **localização da reserva legal**, de acordo com o melhor interesse ambiental, a exemplo de situá-la próxima a outra reserva legal, área de preservação permanente, unidade de conservação ou outra área legalmente protegida.

A área de reserva legal deve ser **averbada à margem da inscrição de matrícula do imóvel**, no registro de imóveis competente, sendo vedada, em regra, a alteração de sua destinação, nos casos de transmissão, a qualquer título, de desmembramento ou de retificação da área, ressaltando-se que a averbação da reserva legal da pequena propriedade ou posse rural familiar é gratuita (isenção).

Contudo, consoante inovação do novo Código Florestal, o registro da Reserva Legal no Cadastro Ambiental Rural desobriga a averbação no Cartório de Registro de Imóveis.

De acordo com o artigo 29, do novo Código Florestal, é criado o **Cadastro Ambiental Rural - CAR**, no âmbito do Sistema Nacional de Informação sobre Meio Ambiente - SINIMA, registro público eletrônico de âmbito nacional, obrigatório para todos os imóveis rurais, com a finalidade de integrar as informações ambientais das propriedades e posses rurais, compondo base de dados para controle, monitoramento, planejamento ambiental e econômico e combate ao desmatamento.

O prazo havia expirado em maio de 2016. No entanto, a Lei 13.295, de 14/6/2016, prorrogou o prazo para inscrição no CAR até 31 de dezembro de 2017, prorrogável por mais um ano por ato do Chefe do Poder Executivo. Outrossim, o Decreto 9.258/2017 prorrogou mais uma vez o prazo para a inscrição no CAR até 31 de maio de 2018.

Por força da MP 867/2018, a inscrição do imóvel rural no CAR é condição obrigatória para a adesão ao PRA, devendo essa adesão ser requerida **até 31 de dezembro de 2019**, permitida a prorrogação **por mais um ano** por ato do Chefe do Poder Executivo.

Essa sequência de prorrogações só mostra que no Brasil a legislação ambiental não é realmente feita para ser cumprida. Tanto que coube à **Lei 13.887, de 17/10/2019**, aduzir que "a inscrição no CAR é obrigatória e por **prazo indeterminado** para todas as propriedades e posses rurais".

Desta forma, como **inexiste prazo certo**, os proprietários e possuidores rurais que não promoverem a inscrição do imóvel rural no CAR não serão autuados.

Nos termos da **Lei 14.595/2023**, terão direito à adesão ao PRA (Programa de Regularização Ambiental) os proprietários e possuidores dos imóveis rurais com área acima de 4 (quatro) módulos fiscais que os inscreverem no CAR até o dia **31 de dezembro de 2023**, bem como os proprietários e possuidores dos imóveis rurais com área de até 4 (quatro) módulos fiscais ou que atendam ao disposto no art. 3º da Lei nº 11.326, de 24 de julho de 2006, que os inscreverem no CAR até o dia **31 de dezembro de 2025**.

Com o advento da Lei **14.595/2023**, o dispositivo foi alterado contando com a seguinte redação: " no período entre a publicação desta Lei e o **vencimento do prazo de adesão do interessado ao PRA**, e enquanto estiver sendo cumprido o termo de compromisso, o proprietário ou possuidor não poderá ser autuado por infrações cometidas antes de 22 de julho de 2008, relativas à supressão irregular de vegetação em Áreas de Preservação Permanente, de Reserva Legal e de uso restrito".

Ainda de acordo com a **Lei 14.595/2023**, os órgãos ambientais competentes devem garantir o acesso de instituições financeiras a dados do CAR e do PRA que permitam verificar a regularidade ambiental do proprietário ou possuidor de imóvel rural, bem como manterão atualizado e disponível em sítio eletrônico demonstrativo sobre a situação da regularização ambiental dos imóveis rurais, indicando, no mínimo, a quantidade de imóveis inscritos no CAR, os cadastros em processo de validação, os requerimentos de adesão ao PRA recebidos e os termos de compromisso assinados.

Outra novidade do novo CFlo é admitir o cômputo das Áreas de Preservação Permanente no cálculo do percentual da Reserva Legal do imóvel, desde que:

I – o benefício previsto neste artigo não implique a conversão de novas áreas para o uso alternativo do solo;

II – a área a ser computada esteja conservada ou em processo de recuperação, conforme comprovação do proprietário ao órgão estadual integrante do Sisnama; e

III – o proprietário ou possuidor tenha requerido inclusão do imóvel no Cadastro Ambiental Rural.

ATENÇÃO

Ademais, a Lei 12.651/2012 ***dispensou a reserva legal nos seguintes empreendimentos:***
A) empreendimentos de ***abastecimento público de água e tratamento de esgoto;***
B) áreas adquiridas ou desapropriadas por detentor de concessão, permissão ou autorização para exploração de ***potencial de energia hidráulica****, nas quais funcionem empreendimentos de* ***geração de energia elétrica****, subestações ou sejam instaladas linhas de transmissão e de distribuição de energia elétrica;*
C) áreas adquiridas ou desapropriadas com o objetivo de implantação e ampliação de capacidade de rodovias e ferrovias.

De arremate, vale frisar que o novo proprietário que adquire uma fazenda com a vegetação de reserva legal já desmatada, responderá pela recuperação da área solidariamente com o antigo proprietário, por se tratar de uma obrigação *propter rem*.

POSIÇÃO DO STJ

"AGRAVO REGIMENTAL EM EMBARGOS DE DECLARAÇÃO EM RECURSO ESPECIAL. DIREITO ADMINISTRATIVO. MEIO AMBIENTE. ÁREA DE RESERVA LEGAL EM PROPRIEDADE RURAL. DEMARCAÇÃO, AVERBAÇÃO E RESTAURAÇÃO. LIMITAÇÃO ADMINISTRATIVA. OBRIGAÇÃO EX LEGE E PROPTER REM, IMEDIATAMENTE EXIGÍVEL DO PROPRIETÁRIO ATUAL. VIOLAÇÃO DA LEI DE INTRODUÇÃO AO CÓDIGO CIVIL. INOCORRÊNCIA. ***1. A obrigação do atual proprietário pela reparação dos danos ambientais, ainda que não tenha sido ele o responsável pelo desmatamento, é propter rem, ou seja, decorrente da relação existente entre o devedor e a coisa, independente das alterações subjetivas. Dessa forma, é transferida do alienante ao novo proprietário a obrigação de demarcar e averbar no registro de imóvel a reserva legal instituída no artigo 16 do Código Florestal, não resultando disso violação qualquer do artigo 6º da Lei de Introdução ao Código Civil. 2. Agravo regimental improvido" (ADRESP 201001256665, de 08.02.2011).***

4.3.6.3. Áreas de uso restrito

Cuida-se de inovação do novo Código Florestal para proteger os **pantanais e as planícies pantaneiras**, especialmente porque o Pantanal Mato-grossense é considerando constitucionalmente como patrimônio nacional, os designando de áreas de uso restrito.

Com propriedade, nos termos do artigo 10, da Lei 12.651/2012,

> "nos pantanais e planícies pantaneiras é permitida a exploração ecologicamente sustentável, devendo-se considerar as recomendações técnicas dos órgãos oficiais de pesquisa, ficando novas supressões de vegetação nativa para uso alternativo do solo condicionadas à autorização do órgão estadual do meio ambiente".

Ademais, em áreas de inclinação entre 25° e 45°, serão permitidos o manejo florestal sustentável e o exercício de atividades agrossilvipastoris, bem como a manutenção da infraestrutura física associada ao desenvolvimento das atividades, observadas boas práticas agronômicas, sendo vedada a conversão de novas áreas, excetuadas as hipóteses de utilidade pública e interesse social.

4.3.6.4. Unidade de Conservação (Uc)

As unidades de conservação também são espaços territoriais ambientais especialmente protegidos pelo Poder Público, sendo reguladas pela Lei 9.985/2000, que instituiu o **SNUC – Sistema Nacional de Unidades de Conservação**, constituído pelo conjunto das unidades de conservação federais, estaduais (e do Distrito Federal) e municipais.

A criação das unidades de conservação tem o objetivo de manter da biodiversidade brasileira, proteger as espécies ameaçadas de extinção, contribuir para a preservação e restauração ambiental, realizar o desenvolvimento sustentável, proteger os recursos hídricos e as paisagens naturais de grande beleza cênica, recuperar ecossistemas degradados promover a educação ambiental, a educação e o turismo ecológico e proteger os recursos naturais necessários à subsistência de populações tradicionais.

Nos termos do artigo 2º, inciso I, da Lei 9.985/00, considera-se **unidade de conservação**

> "o espaço territorial e seus recursos ambientais, incluindo as águas jurisdicionais, com características naturais relevantes,

> legalmente instituído pelo Poder Público, com objetivos de conservação e limites definidos, sob regime especial de administração, ao qual se aplicam garantias adequadas de proteção",

podendo ser instituídas por todas as pessoas políticas.

Ademais, sempre que influírem na estabilidade do ecossistema, **o subsolo e o espaço aéreo** poderão integrar os limites das unidades de conservação.

> **ATENÇÃO**
>
> *As unidades de conservação serão criadas por ato do Poder Público, ou seja, por lei ou decreto. Entretanto, mesmo que nascida por decreto, a* ***desafetação ou redução dos limites de uma unidade de conservação só pode ser feita mediante lei específica****. É que a Constituição Federal (artigo 225, §1º, III) diz que a alteração e a supressão de um espaço territorial especialmente protegido apenas será permitido através de lei.*

Inclusive, **a desafetação de unidade de conservação por medida provisória é inconstitucional**, mesmo que esta seja convertida em lei, pois a precariedade de uma MP não é compatível com a exigência constitucional de lei, que já passou pelo crivo do Poder Legislativo.

> **POSIÇÃO DO STF**
>
> *O Plenário, em conclusão de julgamento, conheceu em parte de ação direta e, nessa parte, julgou procedente o pedido para, sem pronunciamento de nulidade,* ***declarar a inconstitucionalidade da Medida Provisória 558/2012, convertida na Lei 12.678/2012.***
> *A ação direta foi conhecida apenas na parte em que aponta violação dos artigos 62 e 225, § 1º, III, da Constituição Federal (CF) (1), relativamente às alterações de limites de parques e florestas nacionais, de área de proteção ambiental e de unidades de conservação, as quais foram promovidas com o objetivo de construção de usinas hidrelétricas (Informativo 873).*
> *Quanto ao aspecto formal, o Tribunal reafirmou a possibilidade, ainda que em caráter excepcional, de declaração de inconstitucionalidade de medidas provisórias quando se afigure evidente o abuso do poder de legislar pelo Chefe do Executivo, em razão da indubitável ausência dos requisitos constitucionais de relevância e urgência.*
> *Asseverou que não ficou demonstrado, de forma satisfatória, a presença dos mencionados requisitos. À época da edição da medida provisória, os empreendimentos hidrelétricos que justificariam a desafetação das áreas protegidas ainda dependiam de licenciamentos ambientais, nos quais deveriam ser analisados os impactos e avaliada a conveniência e escolha dos sítios a serem efetivamente alagados.*
> ***Reconheceu a impossibilidade de diminuição ou supressão de espaços territoriais especialmente protegidos por meio de medida provisória. A proteção ao meio ambiente é um limite material implícito à edição de medida provisória, ainda que não conste expressamente do elenco das limitações previstas no art. 62, § 1º, da CF (2).***
> ***Ademais, normas que importem diminuição da proteção ao meio ambiente equilibrado só podem ser editadas por meio de lei formal, com amplo debate parlamentar e participação***

da sociedade civil e dos órgão e instituições de proteção ambiental, como forma de assegurar o direito de todos ao meio ambiente ecologicamente equilibrado. A adoção de medida provisória nessas hipóteses possui evidente potencial de causar prejuízos irreversíveis ao meio ambiente na eventualidade de não ser convertida em lei.

Sob o prisma material, o Colegiado considerou que a norma impugnada contrariou o princípio da proibição de retrocesso socioambiental. Isso porque as alterações legislativas atingiram o núcleo essencial do direito fundamental ao meio ambiente ecologicamente equilibrado (art. 225 da CF).

Enfatizou, ainda, que a aplicação do princípio da proibição do retrocesso socioambiental não pode engessar a ação legislativa e administrativa, sendo forçoso admitir certa margem de discricionariedade às autoridades públicas em matéria ambiental (ADI 4.350/DF). **ADI 4717/DF, rel. Min. Cármen Lúcia, julgamento em 5.4.2018. (ADI-4717).**

São pressupostos para a instituição de uma unidade de conservação a realização prévia de **estudos técnicos** e de **consulta pública** que permitam identificar a localização, a dimensão e os limites mais adequados para a unidade.

A consulta pública consiste em reuniões públicas ou, a critério do órgão ambiental competente, outras formas de oitiva da população local e de outras partes interessadas, sendo facultativa apenas na criação da estação ecológica e da reserva biológica, onde o interesse público é presumido.

Mesmo que a comunidade local manifeste em consulta pública o não desejo na criação da unidade de conservação, essa manifestação popular será persuasiva, não vinculando o Poder Público. Sobre a natureza da consulta pública, convém colacionar bela decisão do STF:

POSIÇÃO DO STF

*"**É importante salientar que a** consulta pública, **não obstante se constitua em instrumento essencialmente democrático, que retira o povo da plateia e o coloca no palco dos assuntos públicos, não tem, aqui, a natureza de um plebiscito**. Algumas manifestações contrárias à criação da estação ecológica não têm a força de inviabilizar o empreendimento, até porque a finalidade da consulta pública é apenas 'subsidiar a definição da localização, da dimensão e dos limites mais adequados para a unidade' (art. 5º do Decreto 4.340/2002). **Isso quer dizer que a decisão final para a criação de uma unidade de conservação é do chefe do Poder Executivo.** O que este se obriga a fazer, segundo a lei, é apenas ouvir e ponderar as manifestações do povo, o que, segundo a nota técnica de fls. 512/513, parece haver ocorrido. (...).Também se me afigura equivocada a alegação de que o procedimento administrativo, inicialmente instaurado para a criação de um parque nacional, acabou por conduzir à criação de uma estação ecológica para fugir à obrigatoriedade de realização da consulta pública. Primeiro, porque as reuniões públicas foram realizadas. Segundo, porque do mesmo procedimento administrativo resultou também a criação do Parque Nacional Terra do Meio. **E aqui devo frisar que não há qualquer ilegalidade na criação de mais de um tipo de unidade de conservação da natureza a partir de um único procedimento administrativo.** É que, não raro, os estudos técnicos e as próprias consultas às populações interessadas indicam essa necessidade, consideradas as características de cada um dos tipos de unidade de conservação. (...) Já as acusações da impetrante de que o verdadeiro*

*motivo da criação da Estação Ecológica da Terra do Meio seria a subserviência brasileira a interesses internacionais, trata-se de alegação que não pode ser aferida em sede de mandado de segurança, por constituir matéria eminentemente fática e por isso mesmo dependente de instrução probatória. Como referiu o Procurador-Geral da República, 'ainda que fosse possível a prova de que a administração pública federal estaria em conluio com entidades internacionais ou, ao menos, operando em erro ou com alguma espécie de temor reverencial, tal comprovação certamente não poderia se efetivar na estreita via do mandado de segurança'. Isso sem contar que os indícios apontados pela autora se resumem a estudos internacionais que integrariam o conjunto de subsídios técnicos da proposta, o que me parece insuficiente para se chegar à conclusão da impetrante." **(MS 25.347, voto do rel. min. Ayres Britto, julgamento em 17-2-2010, Plenário, DJE de 19-3-2010.)***

A inobservância desses pressupostos leva à invalidação do ato de criação de uma unidade de conservação.

POSIÇÃO DO STF

"Quando da edição do Decreto de 27.02.2001, a Lei nº 9.985/00 não havia sido regulamentada. A sua regulamentação só foi implementada em 22 de agosto de 2002, com a edição do Decreto nº 4.340/02. O processo de criação e ampliação das unidades de conservação deve ser precedido da regulamentação da lei, de estudos técnicos e de consulta pública. O parecer emitido pelo Conselho Consultivo do Parque não pode substituir a consulta exigida na lei. O Conselho não tem poderes para representar a população local. Concedida a segurança, ressalvada a possibilidade da edição de novo decreto" (MS 24.184, de 13.08.2003).

Durante a fase de estudos técnicos, se houver risco de grave degradação da área estudada, o Poder Público poderá, ressalvadas as atividades agropecuárias e outras atividades econômicas em andamento e obras públicas licenciadas, **decretar limitações administrativas provisórias** ao exercício de atividades e empreendimentos efetiva ou potencialmente causadores de degradação ambiental. Cuida-se de uma medida cautelar administrativa que vigorará pelo prazo improrrogável de *sete meses*, findo o qual fica extinta a limitação administrativa.

O SNUC – Sistema Nacional de Unidades de Conservação será gerenciado pelos seguintes órgãos e entidades:

I – Órgão consultivo e deliberativo: o Conselho Nacional do Meio Ambiente – CONAMA, com as atribuições de acompanhar a implementação do Sistema;

II – Órgão central: o Ministério do Meio Ambiente, com a finalidade de coordenar o Sistema;

III – órgãos executores: o Instituto Chico Mendes e o IBAMA, em caráter supletivo, os órgãos estaduais e municipais, com a função de implementar o SNUC, subsidiar as propostas de criação e administrar as unidades de conservação federais, estaduais e municipais, nas respectivas esferas de atuação.

É possível a visitação nas unidades de conservação de proteção integral, podendo ser cobrada uma taxa, cujos recursos serão investidos em unidades de conservação.

As unidades de conservação são divididas em dois grandes grupos: *unidades de proteção integral* e *unidades de uso sustentável.*

ATENÇÃO

*Nas **unidades de proteção integral** o objetivo básico é preservar a natureza, sendo admitido apenas o uso indireto dos seus recursos naturais, salvo raras exceções. É o grupo em que há uma maior proteção, sendo ideal para áreas ambientais intocáveis em razão do seu elevado valor natural, a exemplo do Parque Nacional de Fernando de Noronha.*

São **cinco** as unidades de conservação de proteção integral:

UNIDADE	OBJETIVO	DOMÍNIO
Estação ecológica	Tem como objetivo a preservação da natureza e a realização de pesquisas científicas	Público
Reserva biológica	Tem como objetivo a preservação integral da biota e demais atributos naturais existentes em seus limites, sem interferência humana direta ou modificações ambientais, excetuando-se as medidas de recuperação de seus ecossistemas alterados e as ações de manejo necessárias para recuperar e preservar o equilíbrio natural, a diversidade biológica e os processos ecológicos naturais.	Público
Parque Nacional	Tem como objetivo básico a preservação de ecossistemas naturais de grande relevância ecológica e beleza cênica, possibilitando a realização de pesquisas científicas e o desenvolvimento de atividades de educação e interpretação ambiental, de recreação em contato com a natureza e de turismo ecológico	Público

UNIDADE	OBJETIVO	DOMÍNIO
Monumento Natural	Tem como objetivo básico preservar sítios naturais raros, singulares ou de grande beleza cênica	Público ou privado
Refúgio da Vida Silvestre	Tem como objetivo proteger ambientes naturais onde se asseguram condições para a existência ou reprodução de espécies ou comunidades da flora local e da fauna residente ou migratória.	Público ou privado

ATENÇÃO

*Já nas **unidades de conservação de uso sustentável** o objetivo básico é compatibilizar a conservação da natureza com o uso sustentável de parcela dos seus recursos naturais. Logo, o regime protetivo é menor, pois é possível a utilização direta dos recursos naturais, desde que de maneira sustentável, observado o regime jurídico de cada categoria.*

São **sete** as unidades de conservação de uso sustentável:

UNIDADE	OBJETIVO	DOMÍNIO
Área de proteção ambiental	É uma área em geral extensa, com um certo grau de ocupação humana, dotada de atributos abióticos, bióticos, estéticos ou culturais especialmente importantes para a qualidade de vida e o bem-estar das populações humanas, e tem como objetivos básicos proteger a diversidade biológica, disciplinar o processo de ocupação e assegurar a sustentabilidade do uso dos recursos naturais	Público ou privado
Área de relevante interesse ecológico	É uma área em geral de pequena extensão, com pouca ou nenhuma ocupação humana, com características naturais extraordinárias ou que abriga exemplares raros da biota regional, e tem como objetivo manter os ecossistemas naturais de importância regional ou local e regular o uso admissível dessas áreas, de modo a compatibilizá-lo com os objetivos de conservação da natureza.	Público ou privado

UNIDADE	OBJETIVO	DOMÍNIO
Floresta nacional	É uma área com cobertura florestal de espécies predominantemente nativas e tem como objetivo básico o uso múltiplo sustentável dos recursos florestais e a pesquisa científica, com ênfase em métodos para exploração sustentável de florestas nativas	Público
Reserva extrativista	É uma área utilizada por populações extrativistas tradicionais, cuja subsistência baseia-se no extrativismo e, complementarmente, na agricultura de subsistência e na criação de animais de pequeno porte, e tem como objetivos básicos proteger os meios de vida e a cultura dessas populações, e assegurar o uso sustentável dos recursos naturais da unidade	Público
Reserva da fauna	É uma área natural com populações animais de espécies nativas, terrestres ou aquáticas, residentes ou migratórias, adequadas para estudos técnico-científicos sobre o manejo econômico sustentável de recursos faunísticos.	Público
Reserva de desenvolvimento sustentável	É uma área natural que abriga populações tradicionais, cuja existência baseia-se em sistemas sustentáveis de exploração dos recursos naturais, desenvolvidos ao longo de gerações e adaptados às condições ecológicas locais e que desempenham um papel fundamental na proteção da natureza e na manutenção da diversidade biológica	Público
Reserva particular do patrimônio natural	É uma área privada, gravada com perpetuidade, com o objetivo de conservar a diversidade biológica	Privado

POSIÇÃO DO STF

- *Mandado de segurança. Desapropriação. Reforma agrária. É possível a realização de desapropriação para fins de reforma agrária em imóveis abrangidos por áreas de proteção ambiental, desde que cumprida a legislação pertinente (MS 28406 AgR, de 19/12/2012).*

- *"Reserva extrativista. Conflito de interesse. Coletivo versus individual. Ante o estabelecido no art. 225 da CF, conflito entre os interesses individual e coletivo resolve-se a favor deste último. (...)* ***Não coabitam o mesmo teto, sob o ângulo constitucional, reserva extrativista e reforma agrária.****" (MS 25.284, rel. min.* ***Marco Aurélio****, julgamento em 17-6-2010, Plenário, DJE de 13-8-2010.)*

As unidades de conservação deverão dispor de um **plano de manejo**, que pode ser considerado como a lei interna da unidade de conservação, pois define todo o seu regime jurídico. Legalmente, é definido como o "documento técnico mediante o qual, com fundamento nos objetivos gerais de uma unidade de conservação, se estabelece o seu zoneamento e as normas que devem presidir o uso da área e o manejo dos recursos naturais, inclusive a implantação das estruturas físicas necessárias à gestão da unidade".

De efeito, são proibidas, nas unidades de conservação, quaisquer alterações, atividades ou modalidades de utilização em desacordo com os seus objetivos, o seu Plano de Manejo e seus regulamentos.

ATENÇÃO

As unidades de conservação deverão possuir uma ***zona de amortecimento****, assim considerada o entorno de uma unidade de conservação, onde as atividades humanas estão sujeitas a normas e restrições específicas, com o propósito de minimizar os impactos negativos sobre a unidade, que será delimitada no ato de criação da unidade ou posteriormente no plano de manejo. Entretanto, conforme previsão expressa do artigo 25, da Lei 9.985/2000,* ***apenas a área de proteção ambiental (APA) e a reserva particular do patrimônio natural (RPPN) não deverão possuir zona de amortecimento.***

Se for conveniente, as unidades de conservação poderão possuir **corredores ecológicos**, conforme ato do Ministério do Meio Ambiente, sendo definidos como porções de ecossistemas naturais ou seminaturais, ligando unidades de conservação, que possibilitam entre elas o fluxo de genes e o movimento da biota, facilitando a dispersão de espécies e a recolonização de áreas degradadas, bem como a manutenção de populações que demandam para sua sobrevivência áreas com extensão maior do que aquela das unidades individuais.

Conforme ato do Ministério do Meio Ambiente, é possível a instituição de um **mosaico**, quando existir um conjunto de unidades de conservação de categorias diferentes ou não, próximas, justapostas ou sobrepostas, e outras áreas protegidas públicas ou privadas, onde a gestão do conjunto deverá ser feita de forma integrada e participativa, considerando-se os seus distintos objetivos de conservação, de forma a compatibilizar a presença da biodiversidade, a valorização da sociodiversidade e o desenvolvimento sustentável no contexto regional.

ATENÇÃO

O artigo 36, da Lei 9.985/00, prevê uma espécie de ***compensação ambiental****. É que aquele que exerce atividade apta a causar significativa degradação ambiental deverá pagar uma quantia pecuniária a ser revertida para as unidades de conservação de proteção integral, em concretização ao Princípio do Poluidor-pagador.*

De efeito, vale colacionar o *caput* e o §1º, do artigo 36, da Lei 9.985/00:

> "Art. 36. Nos casos de licenciamento ambiental de empreendimentos de significativo impacto ambiental, assim considerado pelo órgão ambiental competente, com fundamento em estudo de impacto ambiental e respectivo relatório - EIA/RIMA, o empreendedor é obrigado a apoiar a implantação e manutenção de unidade de conservação do Grupo de Proteção Integral, de acordo com o disposto neste artigo e no regulamento desta Lei.
>
> § 1º **O montante de recursos a ser destinado pelo empreendedor para esta finalidade** ***não pode ser inferior a meio por cento dos custos totais previstos para a implantação do empreendimento*****, sendo o percentual fixado pelo órgão ambiental licenciador, de acordo com o grau de impacto ambiental causado pelo empreendimento".**

De acordo com o §1º, o valor da compensação ambiental não poderá ser inferior a 0,5% dos custos totais do projeto, devendo ser fixado proporcionalmente ao significativo impacto ambiental a ser causado em unidade de conservação pelo órgão ambiental licenciador.

Sucede que esse dispositivo que previu um valor mínimo para a compensação ambiental foi questionado na Suprema Corte, que pronunciou a inconstitucionalidade com redução de texto do "piso" da compensação ambiental, aplicando o Princípio da Proporcionalidade.

POSIÇÃO DO STF

"AÇÃO DIRETA DE INCONSTITUCIONALIDADE. ART. 36 E SEUS §§ 1º, 2º E 3º DA LEI Nº 9.985, DE 18 DE JULHO DE 2000. CONSTITUCIONALIDADE DA COMPENSAÇÃO DEVIDA PELA IMPLANTAÇÃO DE EMPREENDIMENTOS DE SIGNIFICATIVO IMPACTO AMBIENTAL. INCONSTITUCIONALIDADE PARCIAL DO § 1º DO ART. 36. 1. O compartilhamento-compensação ambiental de que trata o art. 36 da Lei nº 9.985/2000 não ofende o princípio

da legalidade, dado haver sido a própria lei que previu o modo de financiamento dos gastos com as unidades de conservação da natureza. De igual forma, não há violação ao princípio da separação dos Poderes, por não se tratar de delegação do Poder Legislativo para o Executivo impor deveres aos administrados. 2. Compete ao órgão licenciador fixar o quantum da compensação, de acordo com a compostura do impacto ambiental a ser dimensionado no relatório – EIA/RIMA. 3. O art. 36 da Lei nº 9.985/2000 densifica o princípio usuário-pagador, este a significar um mecanismo de assunção partilhada da responsabilidade social pelos custos ambientais derivados da atividade econômica. 4. Inexistente desrespeito ao postulado da razoabilidade. Compensação ambiental que se revela como instrumento adequado à defesa e preservação do meio ambiente para as presentes e futuras gerações, não havendo outro meio eficaz para atingir essa finalidade constitucional. Medida amplamente compensada pelos benefícios que sempre resultam de um meio ambiente ecologicamente garantido em sua higidez. ***5. Inconstitucionalidade da expressão "não pode ser inferior a meio por cento dos custos totais previstos para a implantação do empreendimento", no § 1º do art. 36 da Lei nº 9.985/2000. O valor da compensação-compartilhamento é de ser fixado proporcionalmente ao impacto ambiental, após estudo em que se assegurem o contraditório e a ampla defesa. Prescindibilidade da fixação de percentual sobre os custos do empreendimento.*** *6. Ação parcialmente procedente" (ADI 3.378, de 09.04.2008).*

Assim, **o STF declarou a legitimidade da compensação ambiental, mas invalidou a fixação de um percentual mínimo equivalente a 0,5% dos custos totais do empreendimento**, razão pela qual o seu valor poderá ser inferior a esse percentual, desde que proporcional ao significativo impacto ambiental a ser causado.

POSIÇÃO DO STJ

"A compensação tem conteúdo reparatório, em que o empreendedor destina parte considerável de seus esforços em ações que sirvam para contrabalançar o uso de recursos naturais indispensáveis à realização do empreendimento previsto no estudo de impacto ambiental e devidamente autorizados pelo órgão competente. O montante da compensação deve ater-se àqueles danos inevitáveis e imprescindíveis ao empreendimento previsto no EIA/RIMA, não se incluindo aqueles que possam ser objeto de medidas mitigadoras ou preventivas" (REsp 896863, de 19/05/2011).

4.3.6.5. Mata Atlântica

A vegetação de Mata Atlântica, Bioma considerado patrimônio nacional pelo artigo 225, §4º, da Constituição Federal, já foi em grande parte devastado pela ação antrópica, existindo apenas pequenas "ilhas" dessa vegetação no Brasil.

Atualmente, esse arrasado Bioma é regulado pela Lei 11.428/2006, que instituiu um amplo regime protetivo para a Floresta Atlântica, com o objetivo de evitar a sua total extinção. Entretanto, não basta um novel regime legal para a sua proteção, sendo necessária a concretização dessas normas jurídicas pelo Poder Público e por toda a sociedade.

Lamentavelmente, ainda hoje órgãos ambientais estaduais e principalmente municipais continuam a licenciar empreendimentos imobiliários em área de Mata Atlântica, concedendo licenças que aparentemente violam as disposições da Lei 11.428/2006.

No Município de Salvador, dezenas de novos empreendimentos imobiliários estão sendo construídos na Avenida Paralela, após o desmatamento de Mata Atlântica em ótimo estado de conservação, chancelados por licenças ambientais municipais, sendo possível vislumbrar a grande devastação das áreas através das janelas dos aviões quando chegamos a não mais tão bela capital baiana.

Considera-se legalmente **Mata Atlântica** as seguintes formações florestais nativas e ecossistemas associados, com as respectivas delimitações estabelecidas em mapa do Instituto Brasileiro de Geografia e Estatística - IBGE, conforme regulamento: Floresta Ombrófila Densa; Floresta Ombrófila Mista, também denominada de Mata de Araucárias; Floresta Ombrófila Aberta; Floresta Estacional Semidecidual; e Floresta Estacional Decidual, bem como os manguezais, as vegetações de restingas, campos de altitude, brejos interioranos e encraves florestais do Nordeste.

Por sua vez, a Lei 11.428/06 promoveu uma classificação da Mata Atlântica em **estado primário e secundário**, este repartido em estágio *avançado, médio* ou *inicial de regeneração*, o que definirá o regime jurídico da vegetação.

A *vegetação primária* é aquela de máxima expressão local, com grande diversidade biológica, sendo os efeitos das ações antrópicas mínimos, a ponto de não afetar significativamente suas características originais de estrutura e de espécies.

Já a *vegetação secundária* é a resultante dos processos naturais de sucessão, após supressão total ou parcial da vegetação primária por ações antrópicas ou causas naturais, podendo ocorrer árvores remanescentes da vegetação primária.

De efeito, há uma **proibição de exploração da Mata Atlântica primária e secundária em estado avançado e médio de regeneração**, nas hipóteses de a vegetação abrigar espécies da flora e da fauna silvestres ameaçadas de extinção, em território nacional ou em âmbito estadual, assim declaradas pela União ou pelos Estados, e a intervenção ou o parcelamento puserem em risco a sobrevivência dessas espécies; exercer a função de proteção de mananciais ou de prevenção e controle de erosão; formar corredores entre remanescentes de vegetação primária ou secundária em estágio avançado de regeneração; proteger o entorno das unidades de conservação; ou possuir excepcional valor paisagístico, reconhecido pelos órgãos executivos competentes do Sistema Nacional do Meio Ambiente – SISNAMA, assim como quando o proprietário ou posseiro não cumprir os dispositivos da legislação ambiental, em especial as exigências do Código Florestal no que respeita às Áreas de Preservação Permanente e à Reserva Legal.

Fora desses casos, é possível o licenciamento ambiental para a **exploração de vegetação de Mata Atlântica primária**, mas apenas nas hipóteses de utilidade pública, para pesquisas científicas ou práticas preservacionistas.

São casos de **utilidade pública**: A) atividades de segurança nacional e proteção sanitária; B) as obras essenciais de infra-estrutura de interesse nacional destinadas aos serviços públicos de transporte, saneamento e energia, declaradas pelo poder público federal ou dos Estados.

Já a Mata Atlântica **secundária em estado avançado de regeneração**, poderá ser explorada apenas nas hipóteses de utilidade pública, para pesquisas científicas ou práticas preservacionistas, atividades de mineração e nos perímetros urbanos, na hipótese do artigo 30, inciso I, da Lei 11.428/06:

> "Art. 30. É vedada a supressão de vegetação primária do Bioma Mata Atlântica, para fins de loteamento ou edificação, nas regiões metropolitanas e áreas urbanas consideradas como tal em lei específica, aplicando-se à supressão da vegetação secundária em estágio avançado de regeneração as seguintes restrições:
>
> I - nos perímetros urbanos aprovados até a data de início de vigência desta Lei, a supressão de vegetação secundária em estágio avançado de regeneração dependerá de prévia autorização do órgão estadual competente e somente será admitida, para fins de loteamento ou edificação, no caso de empreendimentos que garantam a preservação de vegetação nativa em estágio avançado de regeneração em no mínimo 50% (cinqüenta por cento) da área total coberta por esta vegetação, ressalvado o

disposto nos arts. 11, 12 e 17 desta Lei e atendido o disposto no Plano Diretor do Município e demais normas urbanísticas e ambientais aplicáveis".

Por sua vez, a **vegetação Atlântica secundária em estado médio de regeneração** poderá ser explorada nas hipóteses de utilidade pública; de interesse social; quando necessários ao pequeno produtor rural e populações tradicionais para o exercício de atividades ou usos agrícolas, pecuários ou silviculturais imprescindíveis à sua subsistência e de sua família, ressalvadas as áreas de preservação permanente e, quando for o caso, após averbação da reserva legal, nos termos do Código Florestal; em perímetros urbanos e nas atividades de mineração.

São casos de **interesse social**: A) as atividades imprescindíveis à proteção da integridade da vegetação nativa, tais como: prevenção, combate e controle do fogo, controle da erosão, erradicação de invasoras e proteção de plantios com espécies nativas, conforme resolução do Conselho Nacional do Meio Ambiente - CONAMA; B) as atividades de manejo agroflorestal sustentável praticadas na pequena propriedade ou posse rural familiar que não descaracterizem a cobertura vegetal e não prejudiquem a função ambiental da área; C) demais obras, planos, atividades ou projetos definidos em resolução do Conselho Nacional do Meio Ambiente.

Demais disso, a **vegetação secundária em estado inicial de regeneração** poderá ser explorada, em regra. Contudo, o corte, a supressão e a exploração de que trata este artigo, nos Estados em que a vegetação primária e secundária remanescente do Bioma Mata Atlântica for inferior a 5% (cinco por cento) da área original, submeter-se-ão ao regime jurídico aplicável à vegetação secundária em estágio médio de regeneração, ressalvadas as áreas urbanas e regiões metropolitanas.

4.3.7. Sistema Nacional de Informações sobre o Meio Ambiente

Trata-se de um instrumento para a realização da PNMA, consistente em um banco de dados ambientais mantido no âmbito do Ministério do Meio Ambiente. É gerido pela Secretaria de Articulação Institucional e Cidadania Ambiental do Ministério do Meio Ambiente, por meio do Departamento de Coordenação do SISNAMA, e possui três eixos estruturantes: o desenvolvimento de ferramentas de acesso à informação baseadas em programas computacionais livres; a sistematização de estatísticas e elaboração de indicadores ambientais; a integração e interoperabilidade de sistemas de informação de acordo com uma Arquitetura Orientada a Serviços.

No âmbito do Sistema Nacional de Informações sobre o Meio Ambiente, o novo CFlo criou o CAR – Cadastro Ambiental Rural, sendo um registro público eletrônico de âmbito nacional, obrigatório para todos os imóveis rurais, com a finalidade de integrar as informações ambientais das propriedades e posses rurais, compondo base de dados para controle, monitoramento, planejamento ambiental e econômico e combate ao desmatamento.

4.3.8. Cadastro técnico federal de atividades e instrumentos de defesa ambiental

Cuida-se de instrumento da PNMA consistente em registro a ser feito obrigatoriamente no IBAMA de pessoas físicas ou jurídicas que se dedicam a consultoria técnica sobre problemas ecológicos e ambientais e à indústria e comércio de equipamentos, aparelhos e instrumentos destinados ao controle de atividades efetiva ou potencialmente poluidoras.

4.3.9. Penalidades disciplinares ou compensatórias ao não cumprimento das medidas necessárias à preservação ou correção da degradação ambiental

As penalidades disciplinares ou compensatórias pelo descumprimento da legislação ambiental são sanções administrativo-ambientais, que serão estudadas no próximo capítulo na parte da responsabilização administrativa do infrator.

4.3.10. Relatório de qualidade do meio ambiente

O Relatório de Qualidade do Meio Ambiente é um instrumento da PNMA ainda pendente de regulamentação, pois ainda não divulgado anualmente pelo IBAMA, tendo como objetivo informar a sociedade brasileira o *status* da qualidade ambiental dos diversos ecossistemas brasileiros ou mais intrinsecamente dos seus compartimentos ambientais.

4.3.11. Garantia da prestação de informações relativas ao meio ambiente

As informações ambientais são publicas, sendo acessível a toda a população os dados constantes nos órgãos e entidades ambientais. De acordo com Lei 10.650/03, os órgãos públicos ambientais são obrigados a permitir o acesso público aos documentos, expedientes e processos administrativos que tratem de matéria ambiental e a fornecer todas as informações ambientais que estejam sob sua guarda, em meio escrito, visual, sonoro ou eletrônico.

Nesse sentido, deverão ser publicados em Diário Oficial e ficar disponíveis, no respectivo órgão, em local de fácil acesso ao público, listagens e relações contendo os dados referentes aos seguintes assuntos: pedidos de licenciamento, sua renovação e a respectiva concessão; pedidos e licenças para supressão de vegetação; autos de infrações e respectivas penalidades impostas pelos órgãos ambientais; lavratura de termos de compromisso de ajustamento de conduta; reincidências em infrações ambientais; recursos interpostos em processo administrativo ambiental e respectivas decisões e registro de apresentação de estudos de impacto ambiental e sua aprovação ou rejeição.

De efeito, qualquer indivíduo, independentemente da comprovação de interesse específico, terá acesso às informações de que trata esta Lei, mediante requerimento escrito, no qual assumirá a obrigação de não utilizar as informações colhidas para fins comerciais, sob as penas da lei civil, penal, de direito autoral e de propriedade industrial, assim como de citar as fontes, caso, por qualquer meio, venha a divulgar os aludidos dados.

4.3.12. Cadastro técnico federal de atividades potencialmente poluidoras e/ou utilizadoras dos recursos ambientais

Este é o cadastro dos poluidores, sendo de registro obrigatório para as pessoas físicas ou jurídicas que se dedicam a atividades potencialmente poluidoras e/ou à extração, produção, transporte e comercialização de produtos potencialmente perigosos ao meio ambiente, assim como de produtos e subprodutos da fauna e flora.

4.3.13. Concessão florestal

A concessão florestal é um instrumento econômico para auxiliar na execução da PNMA, tendo sido inserido no artigo 9º, da Lei 6.938/81, por intermédio da Lei 11.284/2006, que a regula.

De efeito, a concessão florestal possui a natureza jurídica de um contrato administrativo, sendo uma concessão especial, definida como uma delegação onerosa, feita pelo poder concedente, do direito de praticar manejo florestal sustentável para exploração de produtos e serviços numa unidade de manejo, mediante licitação, à pessoa jurídica, em consórcio ou não, que atenda às exigências do respectivo edital de licitação e demonstre capacidade para seu desempenho, por sua conta e risco e por prazo determinado (artigo 3º, inciso VII, da Lei 11.284/2006).

Por esse instrumento, a União, os estados, o Distrito Federal e os municípios poderão transferir por tempo determinado a exploração sustentável de florestas públicas a particulares vencedores da licitação, obrigatoriamente realizada na modalidade concorrência, vedada a inexigibilidade de licitação, sendo o edital precedido obrigatoriamente de audiência pública.

O contrato de concessão florestal terá como objeto apenas a exploração de produtos e serviços florestais, vedada a transferência de titularidade imobiliária ou preferência em sua aquisição; o acesso ao patrimônio genético para fins de pesquisa e desenvolvimento, bioprospecção ou constituição de coleções; o uso dos recursos hídricos acima do especificado como insignificante, nos termos da Lei nº 9.433, de 08 de janeiro de 1997; a exploração dos recursos minerais; a exploração de recursos pesqueiros ou da fauna silvestre e a comercialização de créditos decorrentes da emissão evitada de carbono em florestas naturais.

Poderão ser objeto da concessão florestal as florestas públicas, assim consideradas legalmente como as florestas, naturais ou plantadas, localizadas nos diversos biomas brasileiros, em bens sob o domínio da União, dos estados, dos municípios, do Distrito Federal ou das entidades da administração indireta.

Apenas poderão participar da concorrência empresas ou outras pessoas jurídicas constituídas sob as leis brasileiras e que tenham sede e administração no País, desde que não possuam débitos inscritos na dívida ativa relativos a infração ambiental nos órgãos competentes integrantes do SISNAMA e decisões condenatórias, com trânsito em julgado, em ações penais relativas a crime contra o meio ambiente ou a ordem tributária ou a crime previdenciário, salvo se houver reabilitação penal.

No julgamento das propostas, deverão ser observados os critérios do maior preço ofertado como pagamento ao poder concedente pela outorga da concessão florestal e a melhor técnica, considerando o menor impacto ambiental, os maiores benefícios sociais diretos, a maior eficiência e a maior agregação de valor ao produto ou serviço florestal na região da concessão, *vedada a subconcessão florestal*.

Ademais, o prazo dos contratos de concessão florestal será estabelecido de acordo com o ciclo de colheita ou exploração, considerando o produto ou grupo de produtos com ciclo mais longo incluído no objeto da concessão, podendo ser fixado prazo equivalente a, no mínimo, um ciclo e, no máximo, 40 (quarenta) anos. Já nos contratos de concessão exclusivos para exploração de serviços florestais será de, no mínimo, 5 (cinco) e, no máximo, 20 (vinte) anos.

De acordo com o artigo 49, inciso XVII, da Constituição Federal, é competência do Congresso Nacional aprovar, previamente, a alienação ou concessão de terras públicas com área superior a dois mil e quinhentos hectares.

Assim, surgiu a polêmica sobre a necessidade ou não de autorização do Congresso Nacional para as concessões florestais em áreas públicas acima de 2.500 ha.

POSIÇÃO DO STJ

Em 05.05.2008, o então Presidente do STF, Min. Gilmar Mendes, ao julgar o pedido de suspensão de tutela antecipada 235, entendeu que não é necessária a referida autorização do Congresso Nacional, pois a concessão florestal não implica em alienação da área pública concedida.

4.3.14. Servidão ambiental

A servidão ambiental também é um instrumento econômico da PNMA inserido pela Lei 11.284/06 e regulado pelo artigo 9º-A, 9º-B e 9º-C, todos da Lei 6.938/81, sendo uma espécie de servidão administrativa em que o "prédio dominante" é o melhor interesse público ambiental, tendo a natureza jurídica de direito real sobre coisa alheia, instituída por um ato de filantropia ambiental do proprietário de um imóvel rural.

Com efeito, para ser constituída, a servidão ambiental deverá ser averbada no cartório de registro de imóveis, mas exige-se prévia anuência do órgão ambiental competente, a fim deste verificar se há conveniência ambiental na servidão.

A eficácia jurídica da servidão ambiental será a voluntária renúncia em caráter permanente ou temporário, total ou parcialmente, a direito de uso, exploração ou supressão de recursos naturais existentes na propriedade.

A limitação ao uso ou exploração da vegetação da área sob servidão instituída em relação aos recursos florestais deve ser, no mínimo, a mesma estabelecida para a reserva legal.

Contudo, por expressa vedação legal, a servidão ambiental não se aplica às áreas de preservação permanente e de reserva legal, pois essas áreas já gozam de um regime legal de proteção por serem espaços territoriais especialmente protegidos.

Poderá a servidão ambiental ser gratuita ou onerosa, sendo o prazo mínimo da servidão temporária de 15 anos, conforme inovação do novo Código Florestal.

4.3.15. Seguro ambiental

O seguro ambiental é o terceiro instrumento econômico da PNMA, carecendo de uma lei geral regulamentadora no Brasil, conquanto seja de inegável importância para a reparação dos danos ambientais.

Assim, em tese, poderá um dia existir uma lei federal no Brasil colocando a celebração do seguro ambiental como condição de concessão das licenças ambientais, ao menos nos casos em que poderá haver significativa degradação ambiental.

A sua importância é que, uma vez ocorrido o sinistro, a seguradora irá liberar sem maiores discussões a indenização prevista na apólice, sendo esses recursos utilizados na reparação dos danos ambientais, evitando ou minimizando as mazelas de décadas de trâmite de ações civis públicas com o mesmo objetivo.

Pioneiramente, a Lei 12.305/2010, que aprovou a Política Nacional de Resíduos Sólidos, previu que no licenciamento ambiental de empreendimentos ou atividades que operem com resíduos perigosos, o órgão licenciador do SISNAMA poderá exigir a contratação de seguro de responsabilidade civil por danos causados ao meio ambiente ou à saúde pública, observadas as regras sobre cobertura e os limites máximos de contratação fixados em regulamento.

4.4. TÓPICO – SÍNTESE

Tópico – Síntese: A Política Nacional do Meio Ambiente e o Sistema Nacional do Meio Ambiente	
Objetivos da Política Nacional do Meio Ambiente	- Compatibilização do desenvolvimento econômico-social com a preservação da qualidade do meio ambiente e do equilíbrio ecológico; - Definição de áreas prioritárias de ação governamental relativa à qualidade e ao equilíbrio ecológico, atendendo aos interesses da União, dos Estados, do Distrito Federal, dos Territórios e dos Municípios; - Estabelecimento de critérios e padrões de qualidade ambiental e de normas relativas ao uso e manejo de recursos ambientais; ao desenvolvimento de pesquisas e de tecnologias nacionais orientadas para o uso racional de recursos ambientais; - Difusão de tecnologias de manejo do meio ambiente, divulgação de dados e informações ambientais e formação de uma consciência pública sobre a necessidade de preservação da qualidade ambiental e do equilíbrio ecológico; - Preservação e restauração dos recursos ambientais com vistas à sua utilização racional e disponibilidade permanente, concorrendo para a manutenção do equilíbrio ecológico propício à vida; - Imposição, ao poluidor e ao predador, da obrigação de recuperar e/ou indenizar os danos causados e, ao usuário, da contribuição pela utilização de recursos ambientais com fins econômicos.

<table>
<tr><th colspan="2">Tópico – Síntese: A Política Nacional do Meio Ambiente e o Sistema Nacional do Meio Ambiente</th></tr>
<tr><td>Composição do Sistema Nacional do Meio Ambiente</td><td>- Órgão Superior – Conselho de Governo: Tem a função de assessorar o Presidente da República na formulação da política nacional e nas diretrizes governamentais para o meio ambiente e os recursos ambientais;

- Órgão Consultivo e Deliberativo – Conselho Nacional do Meio Ambiente (CONAMA): Tem a finalidade de assessorar, estudar e propor ao Conselho de Governo, diretrizes de políticas governamentais para o meio ambiente e os recursos naturais e deliberar, no âmbito de sua competência, sobre normas e padrões compatíveis com o meio ambiente ecologicamente equilibrado e essencial à sadia qualidade de vida;

- Órgão Central – Ministério do Meio Ambiente (antiga Secretaria): Tem a finalidade de planejar, coordenar, supervisionar e controlar, como órgão federal, a política nacional e as diretrizes governamentais fixadas para o meio ambiente;

- Órgãos Executores – Instituto Brasileiro do Meio Ambiente e dos Recursos Naturais Renováveis (IBAMA) e o Instituto Chico Mendes de Conservação da Biodiversidade (ICMBIO) – Tem a finalidade de executar e fazer executar, como órgão federal, a política e diretrizes governamentais fixadas para o meio ambiente;

- Órgãos Seccionais – Órgãos ou entidades estaduais (e do Distrito Federal por analogia) responsáveis pela execução de programas, projetos e pelo controle e fiscalização de atividades capazes de provocar a degradação ambiental;

- Órgãos Locais – Órgãos ou entidades municipais, responsáveis pelo controle e fiscalização dessas atividades, nas suas respectivas jurisdições.</td></tr>
</table>

<table>
<tr><th colspan="2">Tópico – Síntese: A Política Nacional do Meio Ambiente e o Sistema Nacional do Meio Ambiente</th></tr>
<tr><td>Instrumentos da Política Nacional do Meio Ambiente</td><td>- estabelecimento de padrões de qualidade ambiental;
- zoneamento ambiental;
- avaliação de impactos ambientais;
- o licenciamento e a revisão de atividades efetiva ou potencialmente poluidoras;
- os incentivos à produção e instalação de equipamentos e a criação ou absorção de tecnologia, voltados para a melhoria da qualidade ambiental;
- a criação de espaços territoriais especialmente protegidos pelo Poder Público federal, estadual e municipal, tais como áreas de proteção ambiental, de relevante interesse ecológico e reservas extrativistas;
- o sistema nacional de informações sobre o meio ambiente;
- o Cadastro Técnico Federal de Atividades e Instrumentos de Defesa Ambiental;
- as penalidades disciplinares ou compensatórias ao não cumprimento das medidas necessárias à preservação ou correção da degradação ambiental;
- a instituição do Relatório de Qualidade do Meio Ambiente, a ser divulgado anualmente pelo Instituto Brasileiro do Meio Ambiente e Recursos Naturais Renováveis - IBAMA;
- a garantia da prestação de informações relativas ao Meio Ambiente, obrigando-se o Poder Público a produzi-las, quando inexistentes;
- o Cadastro Técnico Federal de atividades potencialmente poluidoras e/ou utilizadoras dos recursos ambientais;
- instrumentos econômicos, como concessão florestal, servidão ambiental, seguro ambiental e outros.</td></tr>
</table>

Tópico – Síntese: A Política Nacional do Meio Ambiente e o Sistema Nacional do Meio Ambiente	
Estudos ambientais	São todos e quaisquer estudos relativos aos aspectos ambientais relacionados à localização, instalação, operação e ampliação de uma atividade ou empreendimento, apresentado como subsídio para a análise da licença requerida, tais como: relatório ambiental, plano e projeto de controle ambiental, relatório ambiental preliminar, diagnóstico ambiental, plano de manejo, plano de recuperação de área degradada e análise preliminar de risco.
Impacto ambiental	Qualquer alteração das propriedades físicas, químicas e biológicas do meio ambiente, causada por qualquer forma de matéria ou energia resultante das atividades humanas que, direta ou indiretamente, afetam: I - a saúde, a segurança e o bem-estar da população; II - as atividades sociais e econômicas; III - a biota; IV - as condições estéticas e sanitárias do meio ambiente; V - a qualidade dos recursos ambientais.
Licenciamento ambiental	O procedimento administrativo destinado a licenciar atividades ou empreendimentos utilizadores de recursos ambientais, efetiva ou potencialmente poluidores ou capazes, sob qualquer forma, de causar degradação ambiental.
Espécies de licença ambiental	**I - Licença Prévia (LP)** - concedida na fase preliminar do planejamento do empreendimento ou atividade aprovando sua localização e concepção, atestando a viabilidade ambiental e estabelecendo os requisitos básicos e condicionantes a serem atendidos nas próximas fases de sua implementação; **II - Licença de Instalação (LI)** - autoriza a instalação do empreendimento ou atividade de acordo com as especificações constantes dos planos, programas e projetos aprovados, incluindo as medidas de controle ambiental e demais condicionantes, da qual constituem motivo determinante; **III - Licença de Operação (LO)** - autoriza a operação da atividade ou empreendimento, após a verificação do efetivo cumprimento do que consta das licenças anteriores, com as medidas de controle ambiental e condicionantes determinados para a operação.

Tópico – Síntese: A Política Nacional do Meio Ambiente e o Sistema Nacional do Meio Ambiente	
Área de preservação permanente	Área protegida, coberta ou não por vegetação nativa, com a função ambiental de preservar os recursos hídricos, a paisagem, a estabilidade geológica e a biodiversidade, facilitar o fluxo gênico de fauna e flora, proteger o solo e assegurar o bem-estar das populações humanas.
Área de reserva legal	Área localizada no interior de uma propriedade ou posse rural, delimitada nos termos do art. 12 do novo Código Florestal, com a função de assegurar o uso econômico de modo sustentável dos recursos naturais do imóvel rural, auxiliar a conservação e a reabilitação dos processos ecológicos e promover a conservação da biodiversidade, bem como o abrigo e a proteção de fauna silvestre e da flora nativa.
Unidade de conservação	O espaço territorial e seus recursos ambientais, incluindo as águas jurisdicionais, com características naturais relevantes, legalmente instituído pelo Poder Público, com objetivos de conservação e limites definidos, sob regime especial de administração, ao qual se aplicam garantias adequadas de proteção.
Espécies de unidades de conservação	- **Proteção Integral**: Estação Ecológica; Reserva Biológica; Parque Nacional; Monumento Natural; Refúgio de Vida Silvestre. - **Uso sustentável**: Área de Proteção Ambiental; Área de Relevante Interesse Ecológico; Floresta Nacional; Reserva Extrativista; Reserva de Fauna; Reserva de Desenvolvimento Sustentável; Reserva Particular do Patrimônio Natural.

CAPÍTULO 5

RESPONSABILIDADE AMBIENTAL CIVIL, ADMINISTRATIVA E CRIMINAL

LEIA A LEI:

- *Arts. 3º e 14, da Lei 6.938/81; Lei 9.605/98*
- *Art. 225, §§2º e 3º, da Constituição*

A responsabilidade ambiental das pessoas físicas e jurídicas poderá exsurgir em três esferas distintas: civil, administrativa e criminal.

> ***ATENÇÃO***
>
> *De acordo com o artigo 225, §3º, da Constituição Federal, "as condutas e atividades consideradas lesivas ao meio ambiente sujeitarão os infratores, pessoas físicas ou jurídicas, a sanções penais e administrativas, independentemente da obrigação de reparar os danos causados".*

Assim, essas três instâncias de responsabilidade ambiental gozam de previsão constitucional, sendo, em regra, independentes, salvo quando houver previsão legal em sentido contrário.

Uma dessas exceções foi positivada no artigo 935, do Código Civil, ao estatuir que "a responsabilidade civil é independente da criminal, não se podendo questionar mais sobre a existência do fato, ou sobre quem seja o seu autor, quando estas questões se acharem decididas no juízo criminal".

Logo, a absolvição penal lastreada na existência do fato ou de autoria vincula o juízo civil no julgamento da ação que objetive a reparação dos danos ambientais.

Vale ressaltar que, enquanto a responsabilidade civil por danos ambientais não é normalmente sancionatória, pois visa a recomposição do dano causado ao meio ambiente, a responsabilidade administrativa e a criminal objetivam punir os infratores pela violação nas normas administrativas e penais, através da aplicação de sanções administrativas e penas, respectivamente.

5.1. RESPONSABILIDADE CIVIL POR DANOS AO MEIO AMBIENTE

O principal dispositivo legal no Brasil que contempla genericamente a responsabilidade civil por danos ambientais é o §1º, do artigo 14, da Lei 6.938/81:

> "§1º - Sem obstar a aplicação das penalidades previstas neste artigo, é o poluidor obrigado, independentemente da existência de culpa, a indenizar ou reparar os danos causados ao meio ambiente e a terceiros, afetados por sua atividade. O Ministério Público da União e dos Estados terá legitimidade para propor ação de responsabilidade civil e criminal, por danos causados ao meio ambiente".

Por esse dispositivo, nasceu a ação civil pública ambiental ainda no ano de 1981, antes mesmo da Lei da Ação Civil Pública (Lei 7.347/85), legitimando ativamente o Ministério Público para a sua propositura.

Outrossim, o legislador atribuiu ao **poluidor** a responsabilidade pela reparação ou indenização dos danos causados ao meio ambiente (dano imaterial) e a terceiros pelo desenvolvimento de sua atividade.

Ademais, foi instituído um **sistema de responsabilização civil ambiental objetivo** já em 1981 (antes do atual ordenamento constitucional), ou seja, independentemente da apuração de culpa do poluidor, que passou a ser irrelevante para a sua caracterização, bastando à conduta (comissiva ou omissiva), o dano ambiental e o nexo causal entre ambos para nascer à obrigação de reparação.

Há uma grande polêmica doutrinária se a responsabilidade civil objetiva ambiental fundamenta-se ou não na **Teoria do Risco Integral**. É que a responsabilidade civil sem culpa lastreada pelo risco integral não será excluída pelo fortuito, força maior ou fato de terceiro.

No entanto, o Superior Tribunal de Justiça possui precedentes pela aplicação da Teoria do Risco Integral à responsabilidade civil por danos ambientais.

POSIÇÃO DO STJ

"A alegação de culpa exclusiva de terceiro pelo acidente em causa, como excludente de responsabilidade, deve ser afastada, ante a incidência da ***teoria do risco integral*** *e da responsabilidade objetiva ínsita ao dano ambiental (art. 225, § 3º, da CF e do art. 14, § 1º, da Lei nº 6.938/81), responsabilizando o degradador em decorrência do princípio do poluidor--pagador" (passagem do REsp 1114398, de 08/02/2012). "É firme a jurisprudência do STJ no sentido de que, nos danos ambientais, incide a teoria do risco integral, advindo daí o caráter objetivo da responsabilidade, com expressa previsão constitucional (art. 225, § 3º, da CF) e legal (art. 14, § 1º, da Lei n. 6.938/1981), sendo, por conseguinte, descabida a alegação de excludentes de responsabilidade, bastando, para tanto, a ocorrência de resultado prejudicial ao homem e ao ambiente advindo de uma ação ou omissão do responsável" (REsp 1175907, de 19/08/2014).*

O erro na concessão de licença ambiental não configura fato de terceiro capaz de interromper o nexo causal na reparação por lesão ao meio ambiente. *REsp 1.612.887-PR, Rel. Min. Nancy Andrighi, Terceira Turma, por unanimidade, julgado em 28/04/2020, DJe 07/05/2020*

Por sua vez, o artigo 3º, inciso IV, da Lei 6.938/81, definiu o **poluidor** como a

> "pessoa física ou jurídica, de direito público ou privado, responsável, direta ou indiretamente, por atividade causadora de degradação ambiental".

Assim, todos aqueles que, **direta ou indiretamente**, causem uma alteração adversa das características do meio ambiente, passaram a ser responsáveis pela reparação do dano ambiental, inclusive as pessoas jurídicas de direito público.

De seu turno, o poluidor pode ser classificado em direto ou indireto. O **poluidor direto** é aquele que promove imediatamente a degradação ambiental, a exemplo de um agricultor que executa a derrubada de uma floresta.

Já o **poluidor indireto**, conquanto não realize diretamente a degradação ao ambiente, faz parte da cadeia que ensejou a lesão ambiental, a exemplo de uma instituição financeira que liberou os recursos ao agricultor sem exigir previamente a licença ambiental.

Considerando o caráter indivisível que marca o dano ao ambiente, todos os poluidores, diretos ou indiretos, responderão solidariamente pela reparação do dano ambiental.

POSIÇÃO DO STJ

"A responsabilidade por danos ambientais é ***solidária*** *entre o* ***poluidor direto e o indireto****, o que permite que a ação seja ajuizada contra qualquer um deles, sendo facultativo o litisconsórcio" (passagem do REsp 1.079.713, de 18.08.2009).*

Excepcionalmente, haverá o litisconsórcio passivo necessário quando indispensável à preservação do contraditório, a exemplo de pedido de demolição.

POSIÇÃO DO STJ

Como regra, o Superior Tribunal de Justiça entende haver litisconsórcio passivo facultativo em ações que buscam a reparação por danos ambientais. Em hipóteses singulares, como a dos presentes autos, em que a efetividade da prestação jurisdicional pretendida afeta diretamente o patrimônio jurídico e material relacionado à moradia das partes, esta Corte impõe tratamento excepcional, indicando a configuração do litisconsórcio passivo necessário. *AgInt no AgInt no AREsp 1529669 / RJ, de 16/09/2024.*

Demais disso, não se admite a denunciação da lide entre poluidores, devendo eventual ação regressiva ser exercida em processo autônomo.

POSIÇÃO DO STJ

"Na espécie, a responsabilidade por danos ao meio ambiente é objetiva e a responsabilidade existente entre os pretensos denunciante e denunciado é do tipo subjetiva, razão pela qual inviável a incidência do art. 70, inc. III, do CPC" (Passagem do julgamento do AgRg no Ag 1.213.458, de 24.08.2010).

Para fins da responsabilidade pelo Fato do Produto e do Serviço (acidente de consumo) **equiparam-se aos consumidores** todas as vítimas do evento, nos termos do artigo 17 do CDC. Esse dispositivo pode ser invocado em ação de reparação por danos materiais e morais em decorrência de dano ambiental.

POSIÇÃO DO STJ

AGRAVO INTERNO NO RECURSO ESPECIAL. DANO AMBIENTAL. REPARAÇÃO POR DANOS MORAIS E MATERIAIS. CONSUMIDOR POR EQUIPARAÇÃO. ART. 17 DO CDC. POSSIBILIDADE DE AÇÃO INDIVIDUAL. AGRAVO NÃO PROVIDO. 1. O sistema processual brasileiro admite a coexistência de ação coletiva e ação individual que postulem o reconhecimento de um mesmo direito, inexistindo litispendência entre as demandas. 2. A jurisprudência desta Corte Superior admite, nos termos do art. 17 do CDC, a existência da figura do consumidor por equiparação nas hipóteses de danos ambientais. **AgInt no REsp 1833216 / RO, de 20/09/2021.** *Um exemplo foi a , contaminação ambiental decorrente dos produtos venenosos utilizados no tratamento dos postes de luz destinados à distribuição de energia elétrica aos consumidores* **(REsp 1354348/RS, Rel. Ministro LUIS FELIPE SALOMÃO, QUARTA TURMA, julgado em 26/08/2014, DJe 16/09/2014).**

ATENÇÃO

*No que concerne à **Administração Pública**, entende o STJ que a responsabilidade civil pela reparação do dano ambiental por atos comissivos e **omissivos** é objetiva, **ilimitada, solidária, mas de execução subsidiária**, pois o ente público apenas terá a execução direcionada a si quando o degradador direito não o fizer, após o esgotamento das vias ordinárias.*

SÚMULA 652 - *A responsabilidade civil da Administração Pública por danos ao meio ambiente, decorrente de sua omissão no dever de fiscalização, é de caráter solidário, mas de execução subsidiária. (Primeira Seção. Aprovada em 2/12/2021).*

POSIÇÃO DO STJ

"4. Qualquer que seja a qualificação jurídica do degradador, público ou privado, no Direito brasileiro a responsabilidade civil pelo dano ambiental é de natureza objetiva, solidária e ilimitada, sendo regida pelos princípios do poluidor-pagador, da reparação in integrum, da prioridade da reparação in natura, e do favor debilis, este último a legitimar uma série de técnicas de facilitação do acesso à Justiça, entre as quais se inclui a inversão do ônus da prova em favor da vítima ambiental.

5. Ordinariamente, a responsabilidade civil do Estado, por omissão, é subjetiva ou por culpa, regime comum ou geral esse que, assentado no art. 37 da Constituição Federal, enfrenta duas exceções principais. Primeiro, quando a responsabilização objetiva do ente público decorrer de expressa previsão legal, em microssistema especial, como na proteção do meio ambiente (Lei 6.938/1981, art. 3º, IV, c/c o art. 14, § 1º). Segundo, quando as circunstâncias indicarem a presença de um standard ou dever de ação estatal mais rigoroso do que aquele que jorra, consoante a construção doutrinária e jurisprudencial, do texto constitucional.

13. A Administração é solidária, objetiva e ilimitadamente responsável, nos termos da Lei 6.938/1981, por danos urbanístico-ambientais decorrentes da omissão do seu dever de controlar e fiscalizar, na medida em que contribua, direta ou indiretamente, tanto para a degradação ambiental em si mesma, como para o seu agravamento, consolidação ou perpetuação, tudo sem prejuízo da adoção, contra o agente público relapso ou desidioso, de medidas disciplinares, penais, civis e no campo da improbidade administrativa.

14. No caso de omissão de dever de controle e fiscalização, a responsabilidade ambiental solidária da Administração é de execução subsidiária (ou com ordem de preferência).

15. A responsabilidade solidária e de execução subsidiária significa que o Estado integra o título executivo sob a condição de, como devedor-reserva, só ser convocado a quitar a dívida se o degradador original, direto ou material (= devedor principal) não o fizer, seja por total ou parcial exaurimento patrimonial ou insolvência, seja por impossibilidade ou incapacidade, inclusive técnica, de cumprimento da prestação judicialmente imposta, assegurado, sempre, o direito de regresso (art. 934 do Código Civil), com a desconsideração da personalidade jurídica (art. 50 do Código Civil).

16. Ao acautelar a plena solvabilidade financeira e técnica do crédito ambiental, não se insere entre as aspirações da responsabilidade solidária e de execução subsidiária do Estado – sob pena de onerar duplamente a sociedade, romper a equação do princípio poluidor-pagador e inviabilizar a internalização das externalidades ambientais negativas – substituir, mitigar, postergar ou dificultar o dever, a cargo do degradador material ou principal, de recuperação integral do meio ambiente afetado e de indenização pelos prejuízos causados" (passagem do julgamento do REsp 1071741, de 24/03/2009).

No entanto, será objetiva a responsabilidade estatal quando a omissão de cumprimento adequado do seu dever de fiscalizar for determinante para a concretização ou o agravamento do dano causado pelo seu causador direto:

POSIÇÃO DO STJ

"A jurisprudência predominante no STJ é no sentido de que, em matéria de proteção ambiental, há responsabilidade civil do Estado quando a omissão de cumprimento adequado do seu dever de fiscalizar for determinante para a concretização ou o agravamento do dano causado pelo seu causador direto" (AgRg no REsp 1001780, de 27/9/2011).

Em razão de o direito fundamental ao meio ambiente ecologicamente equilibrado ser imaterial e de toda a coletividade, **a pretensão de reparação do dano ambiental é perpétua, não se sujeitando a prazos prescricionais**.

POSIÇÃO DO STJ

"O dano ambiental inclui-se dentre os direitos indisponíveis e como tal está dentre os poucos acobertados pelo manto da imprescritibilidade a ação que visa reparar o dano ambiental" (passagem do REsp 1.120.117, de 10.11.2009).

POSIÇÃO DO STF

Tema 999 em Repercussão Geral: "É imprescritível a pretensão de reparação civil de dano ambiental".

POSIÇÃO DO STF

Tema 1268 - *Tese fixada: "É imprescritível a pretensão de ressarcimento ao erário decorrente da exploração irregular do patrimônio mineral da União, porquanto indissociável do dano ambiental causado." RE 1.427.694/SC, relatora Ministra Presidente, julgamento finalizado no Plenário Virtual em 1º.9.2023 (sexta-feira).*

No caso de dano privado decorrente do impedimento de pesca o STJ adotou o **prazo prescricional trienal**:

POSIÇÃO DO STJ

AgInt no AREsp 1734250, de 10/02/2021:

I - Trata-se de ação objetivando tutela jurisdicional com vistas à **reparação de danos morais e materiais sofridos em decorrência de danos ambientais** *havidos pelo represamento das águas do Rio Tocantins, para implantação da Usina Hidrelétrica de Estreito, com a consequente diminuição/esgotamento da população de peixes no local.*

II - O Tribunal a quo negou provimento à apelação do particular, mantendo incólume a decisão monocrática que julgou improcedente o pedido, em razão da ocorrência da prescrição do direito de ação autoral.

III - No que trata da alegação da existência de dissídio jurisprudencial, relacionado à deflagração do termo inicial do prazo prescricional da pretensão indenizatória, previsto no art. 206, § 3º, V, do Código Civil, verifica-se que o entendimento adotado pelo Tribunal a quo alinha-se à jurisprudência desta Corte, firmada no sentido de que **o prazo prescricional da ação indenizatória, por danos causados em razão da construção de usina hidrelétrica, inicia-se a partir da data em que o titular do direito toma conhecimento inequívoco do fato e da extensão de suas consequências, nos termos do princípio da actio nata**, *podendo esse momento coincidir ou não com o do alagamento do reservatório da usina hidrelétrica.*

IV - De igual forma, também correto o entendimento esposado no decisum recorrido, de **que as demandas indenizatórias ajuizadas com vistas à reparação de interesses de cunho individual e patrimonial, como é o caso dos autos, devem sujeitar-se ao prazo prescricional trienal, estabelecido no art. 206, § 3º, V, do CC, o que afasta a tese de dano ambiental contínuo.**

POSIÇÃO DO STJ

A **pretensão executória** *de obrigações de fazer previstas em Termo de ajustamento de conduta (TAC) firmado para reparação de danos ambientais decorrentes de empreendimento imobiliário, quando relacionadas a* **questões meramente patrimoniais**, *não visando a restauração de bens de natureza ambiental, sujeita-se à* **prescrição quinquenal**. *AREsp 1.941.907-RJ, Rel. Min. Benedito Gonçalves, Primeira Turma, por unanimidade, julgado em 09/08/2022.*

ATENÇÃO

Impende salientar que o novo proprietário ou possuidor, que adquire um imóvel com a reserva legal e/ou área de preservação permanente desmatadas, mesmo sem ter causado diretamente o dano ambiental, irá responder por sua reparação, por ser uma obrigação propter rem do novo senhor ou possuidor do bem.

POSIÇÃO DO STJ

"2. Esta Corte Superior tem entendimento sedimentado no sentido de que os deveres associados às APPs e à Reserva Legal têm natureza de obrigação propter rem, isto é, aderem ao título de domínio ou posse.

3. Por esse motivo, descabe falar em culpa ou nexo causal, como fatores determinantes do dever de recuperar a vegetação nativa e averbar a Reserva Legal por parte do proprietário ou possuidor, antigo ou novo, mesmo se o imóvel já estava desmatado quando de sua aquisição" (passagem do julgamento do AgRg no REsp 1.206.484, de 17.03.2011).

SÚMULA 623

As obrigações ambientais possuem natureza propter rem, sendo admissível cobrá-las do proprietário ou possuidor atual e/ou dos anteriores, à escolha do credor.

POSIÇÃO DO STJ

As obrigações ambientais possuem natureza propter rem, **sendo possível exigi-las, à escolha do credor, do proprietário ou possuidor atual, de qualquer dos anteriores, ou de ambos,** *ficando isento de responsabilidade o alienante cujo direito real tenha cessado antes da causação do dano, desde que para ele não tenha concorrido, direta ou indiretamente. REsp 1.953.359-SP, Rel. Ministra Assusete Magalhães, Primeira Seção, por unanimidade, julgado em 13/9/2023.* **(Tema 1204).**

Esse entendimento da Corte Superior foi positivado no novo Código Florestal brasileiro, que prevê, no seu artigo 2º, §2º, que

> **"as obrigações previstas nesta Lei têm natureza real e são transmitidas ao sucessor, de qualquer natureza, no caso de transferência de domínio ou posse do imóvel rural".**

ATENÇÃO

Ademais, nas ações civis de reparação dos danos ao meio ambiente é possível a ***desconsideração da personalidade jurídica***, *com o objetivo de declarar a ineficácia episódica da personalidade jurídica, a fim de estender a obrigação de reparar os danos ambientais aos sócios e gestores da pessoa jurídica, levantando-se o véu do ente moral.*

Nesse sentido, de acordo com o artigo 4º, da Lei 9.605/98,

> "poderá ser desconsiderada a pessoa jurídica sempre que sua personalidade for obstáculo ao ressarcimento de prejuízos causados à qualidade do meio ambiente".

Por sua vez, com base no Princípio da Precaução (*in dubio pro natura ou salute*) e na natureza pública da proteção ambiental, vem se admitindo a inversão do ônus da prova nas ações civis públicas de reparação do dano ambiental, conquanto a lei ambiental não traga expressamente esta possibilidade.

POSIÇÃO DO STJ

"3. A Lei nº 6.938/81 adotou a sistemática da responsabilidade objetiva, que foi integralmente recepcionada pela ordem jurídica atual, de sorte que é irrelevante, na espécie, a discussão da conduta do agente (culpa ou dolo) para atribuição do dever de reparação do dano causado, que, no caso, é inconteste.
4. O princípio da precaução, aplicável à hipótese, pressupõe a inversão do ônus probatório, transferindo para a concessionária o encargo de provar que sua conduta não ensejou riscos para o meio ambiente e, por consequência, aos pescadores da região" (passagem do julgamento do AgRg no AREsp 206.748, de 21/02/2013).

SÚMULA N. 618
A inversão do ônus da prova aplica-se às ações de degradação ambiental. ***Corte Especial, julgado em 24/10/2018, DJe 30/10/2018.***

No que concerne à cumulação de pedidos em ação civil pública que vindica a reparação do dano ambiental, será possível que o poluidor seja condenado na obrigação de pagar, de fazer e de não fazer, inexistindo *bis in idem*.

POSIÇÃO DO STJ

"5. Nas demandas ambientais, por força dos princípios do poluidor-pagador e da reparação in integrum, admite-se a condenação do réu, simultânea e agregadamente, em obrigação de fazer, não fazer e indenizar. Aí se encontra típica obrigação cumulativa ou conjuntiva. Assim, na interpretação dos arts. 4º, VII, e 14, § 1º, da Lei da Política Nacional do Meio Ambiente (Lei 6.938/81), e do art. 3º da Lei 7.347/85, a conjunção "ou" opera com valor aditivo, não introduz alternativa excludente. Essa posição jurisprudencial leva em conta que o dano ambiental é multifacetário (ética, temporal, ecológica e patrimonialmente falando, sensível ainda à diversidade do vasto universo de vítimas, que vão do indivíduo isolado à coletividade, às gerações futuras e aos próprios processos ecológicos em si mesmos considerados).
6. Se o bem ambiental lesado for imediata e completamente restaurado ao status quo ante (reductio ad pristinum statum, isto é, restabelecimento à condição original), não há falar, ordinariamente, em indenização. Contudo, a possibilidade técnica, no futuro (= prestação jurisdicional prospectiva), de restauração in natura nem sempre se mostra suficiente para reverter ou recompor integralmente, no terreno da responsabilidade civil, as várias dimensões do dano ambiental causado; por isso não exaure os deveres associados aos princípios do poluidor-pagador e da reparação in integrum.
7. A recusa de aplicação ou aplicação parcial dos princípios do poluidor-pagador e da reparação in integrum arrisca projetar, moral e socialmente, a nociva impressão de que o ilícito ambiental compensa. Daí a resposta administrativa e judicial não passar de aceitável

e gerenciável "risco ou custo do negócio", acarretando o enfraquecimento do caráter dissuasório da proteção legal, verdadeiro estímulo para que outros, inspirados no exemplo de impunidade de fato, mesmo que não de direito, do infrator premiado, imitem ou repitam seu comportamento deletério.

8. A responsabilidade civil ambiental deve ser compreendida o mais amplamente possível, de modo que a condenação a recuperar a área prejudicada não exclua o dever de indenizar – juízos retrospectivo e prospectivo.

9. A cumulação de obrigação de fazer, não fazer e pagar não configura bis in idem, porquanto a indenização, em vez de considerar lesão específica já ecologicamente restaurada ou a ser restaurada, põe o foco em parcela do dano que, embora causada pelo mesmo comportamento pretérito do agente, apresenta efeitos deletérios de cunho futuro, irreparável ou intangível.

10. Essa degradação transitória, remanescente ou reflexa do meio ambiente inclui: a) o prejuízo ecológico que medeia, temporalmente, o instante da ação ou omissão danosa e o pleno restabelecimento ou recomposição da biota, vale dizer, o hiato passadiço de deterioração, total ou parcial, na fruição do bem de uso comum do povo (= dano interino ou intermediário), algo frequente na hipótese, p. ex., em que o comando judicial, restritivamente, se satisfaz com a exclusiva regeneração natural e a perder de vista da flora ilegalmente suprimida, b) a ruína ambiental que subsista ou perdure, não obstante todos os esforços de restauração (= dano residual ou permanente), e c) o dano moral coletivo. Também deve ser reembolsado ao patrimônio público e à coletividade o proveito econômico do agente com a atividade ou empreendimento degradador, a mais-valia ecológica ilícita que auferiu (p. ex., madeira ou minério retirados irregularmente da área degradada ou benefício com seu uso espúrio para fim agrossilvopastoril, turístico, comercial)". (passagem do julgamento do REsp 1198727, de 14/08/2012).

SÚMULA 629

Quanto ao dano ambiental, é admitida a condenação do réu à obrigação de fazer ou à de não fazer cumulada com a de indenizar.

Para evitar a multiplicação do ajuizamento de demandas individuais, o STJ passou a entender que o ajuizamento da ação coletiva pode gerar a suspensão das ações individuais com o mesmo objeto:

POSIÇÃO DO STJ

A questão controvertida consiste em definir a necessidade ou não de suspensão das ações individuais em que se pleiteia indenização por dano moral em razão de suposta exposição à contaminação ambiental decorrente da exploração de jazida de chumbo no Município de Adrianópolis-PR até o julgamento das Ações Civis Públicas em trâmite na Vara Federal Ambiental, Agrária e Residual de Curitiba. Registre-se, de início, que "não é possível haver litispendência entre ações coletivas e ações individuais, por não ser viável uma perfeita identidade entre seus três elementos". **Contudo, previu o Código de Defesa do Consumidor - CDC, em seu art. 94, de forma excepcional, a possibilidade de integração do lesado ao feito na qualidade de litisconsorte, verificando-se assim, a possibilidade de intervenção dos interessados, a título de litisconsortes do autor legitimado (na ação coletiva), e que serão alcançados, por conseguinte, por essa atuação.** *Apesar disso, o referido litisconsórcio deverá ser examinado com temperamento, uma vez que existem peculiaridades processuais que deverão ser adequadas à respectiva tutela coletiva, pois, apesar de assumir a condição de litisconsorte (facultativo e unitário — em que a decisão deverá ser uniforme* *com relação a todos); "não poderá apresentar novas demandas, ampliando o objeto litigioso da ação coletiva à consideração de seus direitos pessoais, o que contrariaria todo o espírito de 'molecularização' da causa". É que o art. 103, § 1º, do CDC ressalva que os efeitos da coisa julgada previstos nos incisos I e II não prejudicarão interesses e direitos individuais dos integrantes da coletividade, do grupo, da categoria ou da classe; e o § 3º do mesmo dispositivo esclarece que os efeitos da coisa julgada, de que cuida o art. 16, c/c o art. 13 da Lei n. 7.347/1985, não prejudicarão as ações de indenização por danos pessoalmente sofridos, propostas individualmente ou na forma prevista nesse Código, mas, se procedente o pedido, beneficiarão as vítimas e seus sucessores, que poderão proceder à liquidação e à execução, nos termos dos arts. 96 a 99.* **No recurso repetitivo REsp n. 1.110.549/RS, relator Ministro Sidnei Beneti, restou consolidado o entendimento de que, ajuizada ação coletiva atinente à macrolide geradora de processos multitudinários, suspendem-se as ações individuais, no aguardo do julgamento da ação coletiva.** *No mesmo diapasão, a Primeira Seção, por ocasião também de julgamento de recurso repetitivo, REsp n. 1.353.801/RS, relator Ministro Mauro Campbell Marques, invocando o repetitivo da Segunda Seção, sufragou o entendimento de que,* **ajuizada ação coletiva atinente à macrolide geradora de processos multitudinários, suspendem-se as ações individuais,** *no aguardo do julgamento da ação coletiva, ponderando que a coletivização da demanda, seja no polo ativo, seja no polo passivo, é um dos meios mais eficazes para a realização do acesso à justiça, porquanto, além de* **reduzir os custos**, *consubstancia-se em instrumento para a* **concentração de litigantes em um polo**, *evitando-se, assim, os problemas decorrentes dos inúmeros procedimentos semelhantes. Assim,* **o mais prudente é o sobrestamento dos feitos individuais até a solução definitiva do litígio coletivo.** *REsp 1.525.327-PR, Rel. Min. Luis Felipe Salomão,* **Segunda Seção**, *por unanimidade, julgado em 12/12/2018, DJe 01/03/2019* **(Tema 923).**

Por fim, a responsabilidade civil ambiental do minerador, que também possui natureza objetiva, foi expressamente prevista no §2º do artigo 225 da Constituição, ao dispor que "aquele que explorar recursos minerais fica obrigado a recuperar o meio ambiente degradado, de acordo com solução técnica exigida pelo órgão público competente, na forma da lei".

Mesmo que mínimo, o dano ambiental é sempre passível de responsabilização civil, que não detém natureza punitiva no Brasil (ao contrário da criminal e administrativa), e sim ressarcitória, razão pela qual **o Princípio da Insignificância não possui compatibilidade com a instância ambiental cível.**

POSIÇÃO DO STJ

O princípio da insignificância não possui substrato teórico apto a viabilizar a sua incidência na esfera da responsabilidade civil ambiental. Toda conduta de degradação ambiental lesiona o bem jurídico tutelado, pois a defesa de nossas biotas perpassa pela prevenção e preservação, logo, por mais que o dano seja ínfimo (baixa destruição da biota), a lesão à educação socioambiental afasta o requisito da mínima lesividade da conduta (AREsp 667867 / SP, de 17/10/2018).

Vale registrar que não existe direito adquirido de poluir e que situações irregulares não devem ser legitimadas pelo transcurso do tempo.

POSIÇÃO DO STJ

SÚMULA N. 613

Não se admite a aplicação da teoria do fato consumado em tema de Direito Ambiental. ***Primeira Seção, aprovada em 09/05/2018, DJe 14/05/2018.***

A reparação do dano ambiental deve ser integral, não havendo base legal para a fixação de indenização no montante de 50% (cinquenta por cento) do faturamento total da empresa proveniente da extração irregular do minério, porquanto consideradas as despesas referentes à atividade empresarial (impostos e outras).

POSIÇÃO DO STJ

A indenização de dano ambiental deve abranger a totalidade dos danos causados, não sendo possível ser decotadas em seu cálculo despesas referentes à atividade empresarial (impostos e outras). REsp 1.923.855-SC, Rel. Min. Francisco Falcão, Segunda Turma, por unanimidade, julgado em 26/04/2022, DJe 28/04/2022.

As regras da Lei 6.938/81 se aplicam ao meio ambiente cultural, inclusive no que tange à responsabilidade objetiva pela reparação de dano ao patrimônio cultural, diante do caráter genérico de sua incidência a todas as espécies de meio ambiente.

POSIÇÃO DO STJ

As razões que fundamentam a Súmula 652/STJ ("A responsabilidade civil da Administração Pública por danos ao meio ambiente, decorrente de sua omissão no dever de fiscalização, é de caráter solidário, mas de execução subsidiária") **são aplicáveis à tutela do patrimônio cultural.** *REsp 1.991.456-SC, Rel. Ministra Assusete Magalhães, Segunda Turma, por unanimidade, julgado em 8/8/2023, DJe 14/8/2023.*

Diante da enorme incidência em concursos públicos, compilamos neste tópico OUTRAS **teses repetitivas** sobre responsabilidade civil por dano ambiental aprovadas pelo **Superior Tribunal de Justiça**:

Tema 436 – Tese firmada: É parte legítima para ação de indenização o pescador profissional artesanal, com início de atividade profissional registrada no Departamento de Pesca e Agricultura do Ministério da Agricultura e do Abastecimento anteriormente ao fato, ainda que a emissão da carteira de pescador profissional tenha ocorrido posteriormente.

Tema 438 – Tese firmada: A alegação de culpa exclusiva de terceiro pelo acidente em causa, como excludente de responsabilidade, deve ser afastada, ante a incidência da teoria do risco integral e da responsabilidade objetiva ínsita ao dano ambiental (art. 225, § 3º, da CF e do art. 14, § 1º, da Lei nº 6.938/81), responsabilizando o degradador em decorrência do princípio do poluidor-pagador.

Tema 439 – Tese firmada: É devida a indenização por dano moral patente o sofrimento intenso do pescador profissional artesanal, causado pela privação das condições de trabalho, em consequência do dano ambiental.

Tema 440 – Tese firmada: Os juros moratórios incidem a partir da data do fato, no tocante aos valores devidos a título de dano material e moral.

Tema 680 – Tese firmada: Para demonstração da legitimidade para vindicar indenização por dano ambiental que resultou na redução da pesca na área atingida, o registro de pescador profissional e a habilitação ao benefício do seguro-desemprego, durante o período de defeso, somados a outros elementos de prova que permitam o convencimento do magistrado acerca do exercício dessa atividade, são idôneos à sua comprovação.

Tema 681 – Tese firmada: A responsabilidade por dano ambiental é objetiva, informada pela teoria do risco integral, sendo o nexo de causalidade o fator aglutinante que permite que o risco se integre na unidade do ato, sendo descabida a invocação, pela empresa responsável pelo dano ambiental, de excludentes de responsabilidade civil para afastar a sua obrigação de indenizar.

Tema 707 – Tese firmada: a) a responsabilidade por dano ambiental é objetiva, informada pela teoria do risco integral, sendo o nexo de causalidade o fator aglutinante que permite que o risco se integre na unidade do ato, sendo descabida a invocação, pela empresa responsável pelo dano ambiental, de excludentes de responsabilidade civil para afastar sua obrigação de indenizar; b) em decorrência do acidente, a empresa deve recompor os danos materiais e morais causados; c) na fixação da indenização por danos morais, recomendável que o arbitramento seja feito caso a caso e com moderação, proporcionalmente ao grau de culpa, ao nível socioeconômico do autor, e, ainda, ao porte da empresa, orientando-se o juiz pelos critérios sugeridos pela doutrina e jurisprudência, com razoabilidade, valendo-se de sua experiência e bom senso, atento à realidade da vida e às peculiaridades de cada caso, de modo a que, de um lado, não haja enriquecimento sem causa de quem recebe a indenização e, de outro, haja efetiva compensação pelos danos morais experimentados por aquele que fora lesado.

Tema 834 – Tese firmada: O dano material somente é indenizável mediante prova efetiva de sua ocorrência, não havendo falar em indenização por lucros cessantes dissociada do dano efetivamente demonstrado nos autos; assim, se durante o interregno em que foram experimentados os efeitos do dano ambiental houve o período de 'defeso' – incidindo a proibição sobre toda atividade de pesca do lesado –, não há cogitar em indenização por lucros cessantes durante essa vedação.

5.2. INFRAÇÕES ADMINISTRATIVAS AMBIENTAIS

A responsabilidade administrativa ambiental objetiva penalizar o infrator das normas ambientais da Administração Pública, através da aplicação de sanções administrativas, sendo regulada genericamente pelos artigos 70/76, da Lei 9.605/98.

De efeito, nos termos do *caput* do artigo 70, da Lei 9.605/98, **considera-se infração administrativa ambiental toda ação ou omissão que viole as regras jurídicas de uso, gozo, promoção, proteção e recuperação do meio ambiente**, sujeitando o infrator, pessoa física ou jurídica, às penalidades administrativas.

Logo, para a consumação de um ilícito administrativo-ambiental, basta que haja uma infringência de norma ambiental ligada ao uso, gozo, promoção, proteção e recuperação do meio ambiente.

Existe enorme controvérsia doutrinária a respeito da natureza jurídica da responsabilidade administrativa ambiental, se objetiva ou subjetiva.

O tema era bem controverso e oscilante entre as Turmas da 1ª Seção do STJ. No entanto, em 16/8/2016, a 2ª Turma aderiu ao posicionamento da 1ª Turma, adotando a responsabilidade administrativa subjetiva.

POSIÇÃO DO STJ

1ª Turma do STJ: *"A responsabilidade civil ambiental é objetiva; porém, tratando-se de responsabilidade administrativa ambiental, o terceiro, proprietário da carga, por não ser o efetivo causador do dano ambiental, responde subjetivamente pela degradação ambiental causada pelo transportador"* ***(AgRg no AREsp 62584, de 18/6/2015).***

> ***2ª Turma do STJ:** "Todavia, os presentes autos tratam de questão diversa, a saber a natureza da responsabilidade administrativa ambiental, bem como a demonstração de existência ou não de culpa, já que a controvérsia é referente ao cabimento ou não de multa administrativa. Sendo assim, o STJ possui jurisprudência no sentido de que, 'tratando-se de responsabilidade administrativa ambiental, o terceiro, proprietário da carga, por não ser o efetivo causador do dano ambiental, responde subjetivamente pela degradação ambiental causada pelo transportador' (AgRg no AREsp 62.584/RJ, Rel. Ministro Sérgio Kukina, Rel. p/ acórdão Ministra Regina Helena Costa, Primeira Turma, DJe 7.10.2015). 'Isso porque a aplicação de penalidades administrativas não obedece à lógica da responsabilidade objetiva da esfera cível (para reparação dos danos causados), mas deve obedecer à sistemática da teoria da culpabilidade, ou seja, a conduta deve ser cometida pelo alegado transgressor, com demonstração de seu elemento subjetivo, e com demonstração do nexo causal entre a conduta e o dano'. (REsp 1.251.697/PR, Rel. Ministro Mauro Campbell Marques, Segunda Turma, DJe 17.4.2012)". **(REsp 1401500, de 16/8/2016).***
>
> **A responsabilidade administrativa ambiental é de natureza subjetiva.** *EREsp 1.318.051-RJ, Rel. Min. Mauro Campbell Marques, Primeira Seção, por unanimidade, julgado em 08/05/2019, DJe 12/06/2019.*

Essa definição de infração administrativa ambiental é genérica, cabendo ao regulamento especificar concretamente as infrações ambientais, como ocorre na esfera federal através do Decreto 6.514/2008.

Uma vez consumada uma infração ambiental, deverá o Poder Público lavrar um auto de infração e instaurar um processo administrativo, sendo essa competência dos funcionários de órgãos ambientais integrantes do Sistema Nacional de Meio Ambiente - SISNAMA, designados para as atividades de fiscalização, bem como os agentes das Capitanias dos Portos, do Ministério da Marinha.

É dever de ofício das citadas autoridades ambientais a lavratura de auto de infração, uma vez verificada a ocorrência de infração administrativa ambiental, sob pena de corresponsabilidade. Entretanto, qualquer pessoa, constatando infração ambiental, poderá dirigir representação às autoridades ambientais, para efeito do exercício do seu poder de polícia.

No processo administrativo ambiental apuratório da potencial infração administrativa serão asseguradas todas as garantias constitucionais, especialmente o contraditório e a ampla defesa com os recursos a ela inerentes.

Após a atuação, será aberto um lapso temporal de vinte dias para o infrator oferecer defesa ou impugnação contra o auto de infração, cabendo à autoridade administrativa julgar o auto de infração em trinta dias, contados da sua lavratura, apresentada ou não a defesa. Ademais, da decisão da autoridade administrativa poderá ser interposto recurso pelo infrator, no prazo de vinte dias da sua notificação.

POSIÇÃO DO STJ

AREsp 1503814, de 15/06/2021: *No presente Recurso Especial, a parte autora defende a nulidade do processo administrativo, em razão da inobservância do prazo de trinta dias, estabelecido no art. 71, II, da Lei 9.605/98, para julgamento do auto de infração, a ser contado da data da sua lavratura.*

Nos termos da jurisprudência desta Corte, a decretação da nulidade processual exige a comprovação de prejuízo concreto à parte que suscita o vício, pois não se declara nulidade por mera presunção (pas de nullité sans grief).

Esse mesmo entendimento foi aplicado, pela Segunda Turma STJ, em situação como a dos presentes autos, ocasião em que restou decidido que **a inobservância do prazo de trinta dias, previsto no art. 71, II, da Lei 9.605/98, para a autoridade competente julgar o auto de infração ambiental, não gera, por si só, a nulidade do processo administrativo, mormente quando não demonstrada a existência de efetivo prejuízo para a parte.** *No voto condutor do aludido acórdão, destacou-se que "o legislador não impôs nenhuma espécie de sanção à autoridade nem de invalidação do ato acaso esse período fosse ultrapassado. Por outro lado, é certo que vigora como princípio geral de direito a máxima de que não há invocar-se nulidade sem prejuízo correspondente, vale dizer, para que a premissa do recorrente fosse válida, o simples transcurso do prazo deveria causar-lhe um prejuízo o qual deveria ser comprovado por si no processo judicial, circunstância tal que, contudo, não houve" (STJ, REsp 1.420.708/SC, Rel. Ministro MAURO CAMPBELL MARQUES, SEGUNDA TURMA, DJe de 10/11/2014).*

POSIÇÃO DO STJ

De acordo com o STJ, nos processos administrativos ambientais previstos no art. 70, §§ 3º e 4º, da Lei n. 9.605/1998, somente é admissível a declaração judicial de nulidade processual, decorrente da **intimação editalícia** *para apresentação de alegações finais,* **se comprovado prejuízo concreto à defesa do autuado.** *REsp 1.933.440-RS, Rel. Ministro Paulo Sérgio Domingues, Primeira Turma, por unanimidade, julgado em 16/4/2024.*

Pelo cometimento de uma infração administrativa ambiental, é possível a cominação das seguintes **penalidades**: advertência; multa simples; multa diária; apreensão dos animais, produtos e subprodutos da fauna e flora, instrumentos, petrechos, equipamentos ou veículos de qualquer natureza utilizados na infração; destruição ou inutilização do produto; suspensão de venda e fabricação do produto; embargo de obra ou atividade; demolição de obra; suspensão parcial ou total de atividades e restritiva de direitos.

POSIÇÃO DO STJ

Nas ações demolitórias de obra ajuizadas em face de construções erguidas em desacordo com as regras urbanísticas ou ambientais **é prescindível a citação dos coproprietários do imóvel para integrarem a relação processual,** *na qualidade de litisconsorte passivo necessário. REsp 1.830.821-PE, Rel. Ministro Gurgel de Faria, Primeira Turma, por unanimidade, julgado em 14/2/2023.*

POSIÇÃO DO STJ

A validade das multas administrativas por infração ambiental, previstas na Lei n. 9.605/1998, **independe da prévia aplicação da penalidade de advertência.** *REsp 1.984.746-AL, Rel. Ministra Regina Helena Costa, Primeira Seção, por unanimidade, julgado em 13/9/2023, DJe 19/9/2023.* **(Tema 1159).**

POSIÇÃO DO STJ

A multa aplicada pela Capitania dos Portos, em decorrência de derramamento de óleo, não exclui a possibilidade de aplicação de multa pelo Ibama. AgInt no REsp 1.668.484-SP, Rel. Ministro Manoel Erhardt (Desembargador convocado do TRF da 5ª Região), Primeira Turma, por unanimidade, julgado em 5/12/2022, DJe 7/12/2022.

Vale registrar que não possui base normativa na Lei 9.605/98 a autoridade administrativa condicionar a liberação do veículo apreendido ao imediato pagamento da multa antes de transcorrer todo o trâmite do processo administrativo ambiental, inclusive a fase recursal.

POSIÇÃO DO STJ

Informativo 625 ***PROCESSO***	*REsp 1.133.965-BA, Rel. Min. Mauro Campbell Marques, Primeira Seção, por unanimidade, julgado em 25/04/2018, DJe 11/05/2018* ***(Tema 405)***
RAMO DO DIREITO	*DIREITO ADMINISTRATIVO, DIREITO AMBIENTAL*
TEMA	*Poder de polícia. Apreensão de veículo utilizado no carregamento de madeira sem autorização. Art. 25, § 4º, da Lei n. 9.605/1998. Art. 2º, § 6º, inc. VIII, do Decreto n. 3.179/1999. Liberação condicionada ao pagamento de multa. Inviabilidade. Liberação condicionada ao oferecimento de defesa administrativa. Possibilidade. Fiel depositário na pessoa do proprietário.* ***Tema 405.***

POSIÇÃO DO STJ

O transporte em quantidade excessiva de madeira, não acobertada pela respectiva guia de autorização, legitima a apreensão de toda a mercadoria. *REsp 1.784.755-MT, Rel. Min. Og Fernandes, Segunda Turma, por unanimidade, julgado em 17/09/2019, DJe 01/10/2019.*

POSIÇÃO DO STJ

A autoridade administrativa deve notificar o proprietário do veículo locado para oportunizar que comprove a sua boa-fé antes de decidir sobre a destinação do bem apreendido pela prática de infração ambiental. *AREsp 1.084.396-RO, Rel. Min. Og Fernandes, Segunda Turma, por unanimidade, julgado em 19/09/2019, DJe 18/10/2019.*

De sua vez, as **penalidades restritivas de direitos** dividem-se em cinco espécies: suspensão de registro, licença ou autorização; cancelamento de registro, licença ou autorização; perda ou restrição de incentivos e benefícios fiscais; perda ou suspensão da participação em linhas de financiamento em estabelecimentos oficiais de crédito; proibição de contratar com a Administração Pública, pelo período de até três anos.

POSIÇÃO DO STJ

De acordo com o STJ, "o acórdão recorrido está em consonância com a jurisprudência do STJ firmada no sentido de que ***não tem respaldo legal a exigência do Ibama de condicionar a retirada do bloqueio da empresa no sistema Documento de Origem Florestal - DOF/ SISFLORA ao pagamento de multa, por*** *infração* ***à legislação*** *ambiental.* ***Exceção feita na hipótese em que o sujeito continua a infringir as normas vigentes, situação não comprovada nos autos****" (REsp 1676464 / PA, de 16/8/2018).*

Considerando que competência para proteger o meio ambiente e controlar a poluição em todas as suas formas é comum entre todas as pessoas políticas, é possível que as três esferas de governo apliquem penalidades administrativas ambientais, de acordo com as suas próprias normas jurídicas.

Contudo, para evitar a dupla ou tripla sanção pelo mesmo fato, dispõe o artigo 76, da Lei 9.605/98, que o pagamento de multa imposta pelos estados, municípios e Distrito Federal substitui a multa federal na mesma hipótese de incidência.

POSIÇÃO DO STJ

A cobrança por Município de multa relativa a danos ambientais já paga à União anteriormente, pelo mesmo fato, não configura *bis in idem*. *REsp 1.132.682-RJ, Rel. Min. Herman Benjamin, Segunda Turma, por unanimidade, julgado em 13/12/2016, DJe 12/03/2020.*

De acordo com o STJ, não há margem legal para interpretação de que a multa paga à União impossibilita a cobrança daquela aplicada pelo Município, sob pena de *bis in idem*, uma vez que a atuação conjunta dos poderes públicos, de forma cooperada, na tutela do meio ambiente, é dever imposto pela Constituição Federal.

Diante da enorme incidência em concursos públicos, compilamos neste tópico as **teses repetitivas** sobre responsabilidade administrativa ambiental aprovadas pelo **Superior Tribunal de Justiça**:

Tema 146 – Tese firmada: É de cinco anos o prazo para a cobrança da multa aplicada ante infração administrativa ao meio ambiente, nos termos do Decreto nº 20.910/32, o qual que deve ser aplicado por isonomia, à falta de regra específica para regular esse prazo prescricional.

Tema 147 – Tese firmada: Em se tratando de multa administrativa, a prescrição da ação de cobrança somente tem início com o vencimento do crédito sem pagamento, quando se torna inadimplente o administrado infrator.

Tema 324 – Tese firmada: É de cinco anos o prazo decadencial para se constituir o crédito decorrente de infração à legislação administrativa.

Tema 325 – Tese firmada: O prazo decadencial para constituição do crédito decorrente de infração à legislação administrativa 'conta-se da data da infração', 'caso se trate de ilícito instantâneo.

Tema 326 – Tese firmada: O prazo decadencial para constituição do crédito decorrente de infração à legislação administrativa, 'no caso de infração permanente ou continuada, conta-se do dia em que tiver cessado' o ilícito.

Tema 327 – Tese firmada: Interrompe-se o prazo decadencial para a constituição do crédito decorrente de infração à legislação administrativa: a) pela notificação ou citação do indiciado ou executado, inclusive por meio de edital; b) por qualquer ato inequívoco, que importe apuração do fato; pela decisão condenatória recorrível; por qualquer ato inequívoco que importe em manifestação expressa de tentativa de solução conciliatória no âmbito interno da administração pública federal.

Tema 328 – Tese firmada: É de três anos o prazo para a conclusão do processo administrativo instaurado para se apurar a infração administrativa ('prescrição intercorrente').

POSIÇÃO DO STJ

O STJ não estende a prescrição trienal intercorrente aos estados e municípios, limitando-a à União: "Com relação à alegada violação do art. 927, III e IV, do CPC/2015; e dos arts. 1º e 4º, do Decreto n. 20.910/1932, constata-se que o decisum vergastado está em dissonância com orientação firmada nesta Corte Superior, sob a sistemática dos Recursos Especiais

Repetitivos (Temas n. 324 a 331), segundo a qual, conquanto o Decreto n. 20.910/1992 não discipline a prescrição intercorrente, a previsão constante do art. 1º, § 1º, da Lei n. 9.873/1999 - concernente à fluência do prazo prescricional trienal na pendência de julgamento ou despacho em processo administrativo sancionador - é aplicável tão somente na Administração Pública Federal. O julgado paradigma foi assim ementado: REsp n. 1.115.078/RS, relator Ministro Castro Meira, Primeira Seção, julgado em 24/3/2010, DJe de 6/4/2010; AgInt no REsp n. 1.665.220/DF, relator Ministro Gurgel de Faria, Primeira Turma, julgado em 23/9/2019, DJe de 25/9/2019; REsp n. 1.897.072/PR, relatora Ministra Assusete Magalhães, Segunda Turma, julgado em 1/12/2020, DJe de 10/12/2020. Desse modo, em se tratando da controvérsia dos autos de ocorrência de prescrição intercorrente da pretensão punitiva em processo administrativo estadual, descabida a incidência das sobreditas normas federais". **AgInt no REsp 2100930 / MG, de 17/06/2024.**

Tema 329 – Tese firmada: Prescreve em cinco anos, contados do término do processo administrativo, a pretensão da Administração Pública de promover a execução da multa por infração ambiental.

Tema 330 – Tese firmada: O termo inicial do prazo prescricional para o ajuizamento da ação executória 'é a constituição definitiva do crédito, que se dá com o término do processo administrativo de apuração da infração e constituição da dívida'.

Tema 331 – Tese firmada: São causas de interrupção do prazo prescricional: a) o despacho do juiz que ordenar a citação em executivo fiscal; b) o protesto judicial; c) qualquer ato judicial que constitua em mora o devedor; d) qualquer ato inequívoco, ainda que extrajudicial, que importe em reconhecimento do débito pelo devedor; e) qualquer ato inequívoco que importe em manifestação expressa de tentativa de solução conciliatória no âmbito interno da administração pública federal.

5.3. CRIMES AMBIENTAIS

Os crimes ambientais são disciplinados precipuamente na Lei 9.605/98, principal diploma legal brasileiro que regula os delitos praticados contra o meio ambiente, contendo disposições materiais e processuais penais, chegando a formar um microssistema jurídico, apenas de aplicando supletivamente às disposições do Código Penal e do Código de Processo Penal, nos moldes do seu artigo 79.

5.3.1. Responsabilidade penal da pessoa jurídica

De maneira pioneira no Brasil, o artigo 225, §3º, da Constituição Federal de 1988, autorizou a responsabilização criminal das pessoas jurídicas por delito ambiental:

"as condutas e atividades consideradas lesivas ao meio ambiente sujeitarão os infratores, pessoas físicas **ou jurídicas, a sanções penais** e administrativas, independentemente da obrigação de reparar os danos causados".

Entretanto, neste país e nos demais que adotam o modelo de ordenamento jurídico romano-germânico, ainda prevalece o dogma de que a pessoa jurídica não poderá delinquir, pois apenas as pessoas naturais podem (ou podiam), em tese, consumar delitos.

Sucede que no Brasil esse dogma restou excepcionado em termos de crimes ambientais, devendo prevalecer à supremacia da Constituição, conquanto parcela considerável da doutrina penalista ainda resista a essa evolução natural.

POSIÇÃO DO STF

De acordo com o Supremo Tribunal Federal, a "responsabilidade penal da pessoa jurídica, para ser aplicada, exige alargamento de alguns conceitos tradicionalmente empregados na seara criminal, a exemplo da culpabilidade" (passagem do HC 92.921, de 19.08.2008).

Assim, é possível afirmar que a Suprema Corte admite a responsabilidade penal da pessoa jurídica pelo cometimento de crime ambiental no Brasil.

A atual posição do STF (2013) e do STJ (2015) é que o sistema de dupla imputação nos crimes ambientais é facultativo, sendo possível que a pessoa jurídica seja isoladamente denunciada, sem a necessidade de codenúncia com pessoa natural.

POSIÇÃO DO STF

***Crime ambiental: absolvição de pessoa física e responsabilidade penal de pessoa jurídica – 2** – No mérito, anotou-se que a tese do STJ, no sentido de que a persecução penal dos entes morais somente se poderia ocorrer se houvesse, concomitantemente, a descrição e imputação de uma ação humana individual, sem o que não seria admissível a responsabilização da pessoa jurídica, afrontaria o art. 225, § 3º, da CF. Sublinhou-se que, ao se condicionar a imputabilidade da pessoa jurídica à da pessoa humana, estar-se-ia quase que a subordinar a responsabilização jurídico-criminal do ente moral à efetiva condenação da pessoa física. Ressaltou-se que, ainda que se concluísse que o legislador ordinário não estabelecera por completo os critérios de imputação da pessoa jurídica por crimes ambientais, não haveria como pretender transpor o paradigma de imputação das pessoas físicas aos entes coletivos. Vencidos os Ministros Marco Aurélio e Luiz Fux, que negavam provimento ao extraordinário (Informativo 714). (1ª Turma – RE 548.181, de 06/08/2013)*

POSIÇÃO DO STJ

"PENAL E PROCESSUAL PENAL. RECURSO EM MANDADO DE SEGURANÇA. RESPONSABILIDADE PENAL DA PESSOA JURÍDICA POR CRIME AMBIENTAL: DESNECESSIDADE DE DUPLA IMPUTAÇÃO CONCOMITANTE À PESSOA FÍSICA E À PESSOA JURÍDICA.

1. Conforme orientação da 1ª Turma do STF, "O art. 225, § 3º, da Constituição Federal não condiciona a responsabilização penal da pessoa jurídica por crimes ambientais à simultânea persecução penal da pessoa física em tese responsável no âmbito da empresa. A norma constitucional não impõe a necessária dupla imputação." (RE 548181, Relatora Min. ROSA WEBER, Primeira Turma, julgado em 6/8/2013, acórdão eletrônico DJe-213, divulg. 29/10/2014, public. 30/10/2014).

2. Tem-se, assim, que é possível a responsabilização penal da pessoa jurídica por delitos ambientais independentemente da responsabilização concomitante da pessoa física que agia em seu nome. Precedentes desta Corte.

3. A personalidade fictícia atribuída à pessoa jurídica não pode servir de artifício para a prática de condutas espúrias por parte das pessoas naturais responsáveis pela sua condução" (RMS 39.173, de 6/8/2015).

Na forma do artigo 3º, parágrafo único, da Lei 9.605/98,

> "a responsabilidade das pessoas jurídicas não exclui a das pessoas físicas, autoras, co-autoras ou partícipes do mesmo fato".

ATENÇÃO

Vale salientar que acertadamente o STF e o STJ não vêm admitindo a pessoa jurídica como paciente exclusiva da ação constitucional de habeas corpus, pois o remédio heróico objetiva tutelar a liberdade de locomoção, direito obviamente não titularizado pelos entes morais.

POSIÇÃO DO STJ

Com propriedade, "a jurisprudência deste Superior Tribunal de Justiça consolidou-se no sentido de que o habeas corpus não se presta para amparar reclamos de pessoa jurídica, na qualidade de paciente, eis que restrito à liberdade ambulatorial, o que não pode ser atribuído à empresa" (passagem do RHC 28811, de 02.12.2010).

Entrementes, para que uma pessoa jurídica seja responsabilidade por um crime ambiental no Brasil, é preciso que sejam realizados **simultaneamente dois pressupostos** previstos no artigo 3º, da Lei 9.605/98:

- Que o crime ambiental tenha sido cometido por decisão de seu representante legal ou contratual, ou de seu órgão colegiado;
- Que o crime ambiental tenha se consumado no interesse ou benefício da entidade.

ATENÇÃO

Logo, a pessoa jurídica apenas responderá pela consumação de um crime ambiental no Brasil se a sua consumação for determinada pelo(s) representante(s) legal(is) ou contratual(is) da empresa, assim como no interesse ou benefício do ente moral.

Vale registrar que no Brasil **inexiste responsabilidade penal objetiva**, mesmo em se tratando de responsabilização criminal de pessoa jurídica por delito ambiental à luz do Princípio Constitucional da Culpabilidade.

POSIÇÃO DO STF

"Habeas corpus. 2. ***Responsabilidade penal objetiva****. 3. Crime ambiental previsto no artigo 2.º da Lei 9.605/1998. 4.* ***Evento danoso: vazamento em um oleoduto da Petrobrás*** *5.* ***Ausência de nexo causal.*** *6. Responsabilidade pelo dano ao meio ambiente não atribuível diretamente ao dirigente da Petrobras. 7.* ***Existência de instâncias gerenciais e de operação para fiscalizar o estado de conservação dos 14 mil quilômetros de oleodutos. 8. Não configuração de relação de causalidade entre o fato imputado e o suposto agente criminoso****. 8. Diferenças entre conduta dos dirigentes da empresa e atividades da própria empresa. 9. Problema da assinalagmaticidade em uma sociedade de risco. 10. Impossibilidade de se atribuir ao indivíduo e à pessoa jurídica os mesmos riscos. 11. Habeas corpus concedido" (HC 83.554, de 16.08.2005).*

POSIÇÃO DO STJ

"Somente deve ser punido aquele que tem o poder de direcionar a ação da pessoa jurídica e que tem responsabilidade pelos atos praticados, sempre tendo como fundamento a existência de culpa e dolo – sob pena de operar-se a responsabilidade objetiva (HC 119.511, de 21.10.2010).

A jurisprudência tem aplicado o Princípio da Intranscendência das Penas aos entes morais, inclusive com extinção de punibilidade após a sua extinção lícita.

POSIÇÃO DO STJ

"O princípio da intranscendência da pena, previsto no art. 5º, XLV, da CR/1988, tem aplicação às pessoas jurídicas. Afinal, se o direito penal brasileiro optou por permitir a responsabilização criminal dos entes coletivos, mesmo com suas peculiaridades decorrentes da ausência de um corpo biológico, não pode negar-lhes a aplicação de garantias fundamentais utilizando-se dessas mesmas peculiaridades como argumento. Extinta legalmente a pessoa jurídica ré - sem nenhum indício de fraude, como expressamente afirmou o acórdão recorrido -, aplica-se analogicamente o art. 107, I, do CP, com a consequente extinção de sua punibilidade" (3ª Seção, REsp 1977172 / PR , de 24/08/2022).

5.3.2. Competência para o Julgamento

Há pouco mais de dez anos a jurisprudência do STF e do STJ pacificou-se no sentido de que, **em regra, a competência para processar e julgar os crimes ambientais é da Justiça dos estados e do Distrito Federal.**

É que a Lei 9.605/98 não tratou deste tema (o dispositivo foi vetado), razão pela qual a jurisprudência consolidou-se na incidência da regra geral acerca da competência.

Por exceção, a Justiça Federal terá competência para julgar os delitos ambientais apenas nas hipóteses previstas no artigo 109, incisos IV, V e IX, da Constituição Federal:

- Crimes ambientais praticados em detrimento de bens, serviços ou interesse da União ou de suas entidades autárquicas ou empresas públicas, excluídas as contravenções;
- Crimes ambientais previstos em tratado ou convenção internacional, quando, iniciada a execução no País, o resultado tenha ou devesse ter ocorrido no estrangeiro, ou reciprocamente;
- Crimes ambientais cometidos a bordo de navios ou aeronaves.

Logo, são crimes ambientais de competência da Justiça Federal os praticados em unidade de conservação de propriedade ou administrada pela União; que afete os bens federais, a exemplo dos rios que cortam mais de um estado da federação; praticados em áreas indígenas; o tráfico internacional de animais silvestres (previsão em tratado internacional) e todos aqueles cometidos a bordo de navios ou aeronaves.

Portanto, é preciso identificar no caso concreto se o delito ambiental afetou **diretamente** bens, serviços ou interesses federais, a fim de despertar a competência criminal da Justiça Federal.

POSIÇÃO DO STF

"Crime previsto no artigo 38 da Lei 9.605/98. Competência da Justiça estadual comum. – Esta Primeira Turma, em 20.11.2001, ao julgar o RE 300.244, em caso semelhante ao presente, decidiu que, não havendo em causa bem da União (a hipótese então em julgamento dizia respeito a desmatamento e depósito de madeira proveniente da Mata Atlântica que se entendeu não ser bem da União), nem interesse direto e específico da União (o interesse desta na proteção do meio ambiente só é genérico), nem decorrer a competência da Justiça

Federal da circunstância de caber ao IBAMA, que é órgão federal, a fiscalização da preservação do meio ambiente, a competência para julgar o crime que estava em causa (artigo 46, Parágrafo Único, da Lei 9.605/98, na modalidade de manter em depósito produtos de origem vegetal integrantes da flora nativa, sem licença para armazenamento) era da Justiça estadual comum. – Nesse mesmo sentido, posteriormente, em 18.12 .2001, voltou a manifestar-se, no RE 299.856, esta Primeira Turma, no que foi seguida, no RE 335.929, por decisão do eminente Ministro Carlos Velloso da 2ª Turma, e no HC 81.916, 2ª Turma . – A mesma orientação é de ser seguida no caso presente. Recurso extraordinário não conhecido" (RE 349.184, de 03.12.2002).

POSIÇÃO DO STJ

"PENAL. CONFLITO DE COMPETÊNCIA NEGATIVO. JUÍZO DE DIREITO E JUÍZO FEDERAL. CRIME CONTRA O MEIO AMBIENTE. FLORA. ÁREA DE PROTEÇÃO AMBIENTAL CRIADA POR DECRETO FEDERAL. DANO OCORRIDO EM PROPRIEDADE PRIVADA. INEXISTÊNCIA DE INTERESSE DA UNIÃO. COMPETÊNCIA DA JUSTIÇA ESTADUAL SUSCITADA. **1. Em regra, os crimes ambientais** *são da* **competência da Justiça Estadual**, *tendo em vista que a pretensão punitiva estatal somente é deduzida perante o Juízo Federal quando a conduta típica for praticada em detrimento de bens, serviços ou interesses diretos da União, suas entidades autárquicas, empresas públicas ou fundações de direito público.* **2. A criação de uma APA por meio de Decreto Federal não transfere integralmente a gestão ambiental das áreas nela inseridas à União, não subsistindo, portanto, o interesse direto e específico desse ente federativo, a justificar a competência da Justiça Federal para o processamento do feito.** *3. Compete a todos os entes da federação a proteção do meio ambiente, independente do ilícito ser praticado em propriedade privada inserida em APA criada por Decreto Federal. 4. A atribuição do IBAMA de fiscalizar a preservação do meio ambiente também não atrai a competência da Justiça Federal para processamento e julgamento de ação penal referente a delitos ambientais. 5. Conflito de competência conhecido para declarar competente o Juízo de Direito da comarca de Paraibuna – SP, ora suscitado" (CC 97.372, de 24.03.2010).*

Por outro lado, vale frisar que o STJ que "embora o delito tenha ocorrido em rio interestadual, na espécie, os danos ambientais decorrentes da prática da pesca predatória possuem apenas dimensão local, restringindo-se ao Município de Coromandel/MG, motivo pelo qual deve ser aplicada a regra da competência da jurisdição estadual" (3ª Seção, AgRg no CC 145487, de 28/9/2016).

5.3.3. Penas das pessoas físicas

Se condenadas por um delito ambiental, as pessoas físicas sujeitar-se-ão às penas privativas de liberdade, multa e restritivas de direito. Estas, por sua vez, nos termos do artigo 8º, da Lei 9.605/98, serão de cinco espécies: prestação de serviços à comunidade, interdição temporária de direitos, suspensão parcial ou total de atividades, prestação pecuniária e recolhimento domiciliar.

5.3.4. Penas das pessoas jurídicas

Já as pessoas jurídicas, se condenadas, poderão cumprir alternativa ou cumulativamente a pena de multa, as restritivas de direitos e a de prestação de serviços à comunidade, nos moldes do artigo 21, da Lei 9.605/98.

As **penas restritivas de direito** são: suspensão parcial ou total de atividades; interdição temporária de estabelecimento, obra ou atividade e proibição de contratar com o Poder Público, bem como dele obter subsídios, subvenções ou doações (por até dez anos).

Já a **prestação de serviços à comunidade** pelo ente moral consistirá no custeio de programas e de projetos ambientais, execução de obras de recuperação de áreas degradadas, manutenção de espaços públicos e contribuições a entidades ambientais ou culturais públicas.

5.3.5. Liquidação forçada da pessoa jurídica

As pessoas jurídicas ainda deverão ser extintas em razão de condenação por crime ambiental transitada em julgado, se utilizadas preponderantemente para esse fim. Entende-se que esta penalidade extrema só será cabível na hipótese de reiteradas condenações do ente moral por delitos contra o ambiente.

Na forma do artigo 24, da Lei 9.605/98,

> "a pessoa jurídica constituída ou utilizada, preponderantemente, com o fim de permitir, facilitar ou ocultar a prática de crime definido nesta Lei terá decretada sua liquidação forçada, seu patrimônio será considerado instrumento do crime e como tal perdido em favor do Fundo Penitenciário Nacional".

5.3.6. Apreensão dos produtos e instrumentos do crime

Verificada a ocorrência de um delito contra o meio ambiente, a autoridade policial deverá promover a apreensão dos produtos e dos instrumentos do crime, mediante a lavratura do respectivo auto de apreensão, na forma do artigo 25, da Lei 9.605/1998.

Registre-se que o artigo 25 da Lei 9.605/98 não exige como condição de validade da apreensão que o bem apreendido seja exclusivamente utilizado na prática de ilícitos ambientais.

> **POSIÇÃO DO STJ**
>
> *"A apreensão do instrumento utilizado na infração ambiental, fundada na atual redação do § 4º do art. 25 da Lei 9.605/1998, independe do uso específico, exclusivo ou habitual para a empreitada infracional".* **Tema Repetitivo 1036, de 10/02/2021.**

Se possível a sua readaptação, os animais serão libertados em seu habitat. Como em muitas hipóteses essa medida não será possível, pois o animal não conseguirá sobreviver com a sua reinserção natural, deverão ser entregues a jardins zoológicos, fundações ou entidades assemelhadas, desde que fiquem sob a responsabilidade de técnicos habilitados.

Com o advento da Lei 13.052/2014, a norma ficou clara ao priorizar a libertação dos animais em seu habitat natural e, se não for possível por questões sanitárias (a nova norma deveria ter dito por questões ecológicas), serão entregues a jardins zoológicos, fundações ou entidades assemelhadas, para guarda e cuidados sob a responsabilidade de técnicos habilitados.

Normalmente os animais são os produtos dos crimes ambientais contra a fauna, mas excepcionalmente poderão figurar como instrumentos do delito, a exemplo de cães utilizados para a prática da caça clandestina.

Em razão do *periculum in mora*, havia previsão normativa no §2º de que, na hipótese de produtos perecíveis ou madeiras, seriam estes avaliados e doados a instituições científicas, hospitalares, penais e outras com fins beneficentes.

No entanto, com a alteração dada pela Lei 13.052/2014, esta autorização normativa de avaliação e doação foi revogada, passando o citado dispositivo a prever que o órgão autuante zelará para que os animais sejam mantidos em condições adequadas de acondicionamento e transporte que garantam o seu bem-estar físico até a sua entrega a jardins zoológicos, fundações ou entidades assemelhadas.

Por outro lado, os produtos e subprodutos da fauna não perecíveis serão destruídos (se não for possível o seu aproveitamento) ou doados a instituições científicas, culturais ou educacionais.

Ademais, os instrumentos utilizados na prática da infração serão vendidos, garantida a sua descaracterização por meio da reciclagem, a exemplo do que ocorre com os motosserras, em que os motores poderão ser utilizados em cadeiras de rodas em favor de pessoas portadoras de necessidades especiais.

5.3.7. Suspensão condicional da pena

A suspensão condicional da pena nos crimes ambientais possui uma peculiaridade em relação aos demais crimes. Enquanto é exigido pelo artigo 77, do Código Penal, que a pena privativa de liberdade não ultrapasse a dois anos, para os crimes ambientais o legislador foi mais brando, pois admitiu o *sursis* na hipótese de condenação não superior a **três anos**, a teor do artigo 16, da Lei 9.605/98.

5.3.8. Circunstâncias agravantes e atenuantes

Os artigos 15 e 14 da Lei 9.605/98 previram circunstâncias agravantes e atenuantes específicas para os crimes ambientais, afastando-se da sistemática do Código Penal.

Salvo quando constituir ou qualificar o delito ambiental (para evitar *bis in idem*), a reincidência nos crimes ambientais **agravará** a pena do infrator, bem como quanto o agente comete a infração para: a) para obter vantagem pecuniária; b) coagindo outrem para a execução material da infração; c) afetando ou expondo a perigo, de maneira grave, a saúde pública ou o meio ambiente; d) concorrendo para danos à propriedade alheia; e) atingindo áreas de unidades de conservação ou áreas sujeitas, por ato do Poder Público, a regime especial de uso; f) atingindo áreas urbanas ou quaisquer assentamentos humanos; g) em período de defeso à fauna; h) em domingos ou feriados; i) à noite; j) em épocas de seca ou inundações; l) no interior do espaço territorial especialmente protegido; m) com o emprego de métodos cruéis para abate ou captura de animais; n) mediante fraude ou abuso de confiança; o) mediante abuso do direito de licença, permissão ou autorização ambiental; p) no interesse de pessoa jurídica mantida, total ou parcialmente, por verbas públicas ou beneficiada por incentivos fiscais; q) atingindo espécies ameaçadas, listadas em relatórios oficiais das autoridades competentes; r) facilitada por funcionário público no exercício de suas funções.

Por outro lado, são circunstâncias que **atenuarão** a pena o baixo grau de instrução ou escolaridade do agente; o arrependimento do infrator, manifestado pela espontânea reparação do dano, ou limitação significativa da degradação ambiental causada; a comunicação prévia pelo agente do perigo iminente de degradação ambiental e a colaboração com os agentes encarregados da vigilância e do controle ambiental.

5.3.9. Iniciativa da ação penal

Todos os crimes ambientais previstos na Lei 9.605/98, sem exceção, são de **ação penal pública de iniciativa incondicionada** (artigo

26), pois o direito fundamental ao meio ambiente ecologicamente equilibrado é imaterial e de titularidade difusa, não se justificando uma ação penal condicionada à representação nem uma iniciativa privada.

5.3.10. Princípio da insignificância ou bagatela

Há uma grande polêmica doutrinária neste tema, a fim de se definir se é possível, ou não, a aplicação do Princípio da Bagatela aos crimes ambientais, pois o bem tutelado pela norma penal é imaterial e de toda a coletividade.

POSIÇÃO DO STF

O Supremo Tribunal Federal, através do seu órgão Plenário, ao julgar a ação penal 439, em 12.06.2008, por unanimidade, aplicou o Princípio da Insignificância em favor do falecido Deputado Federal Clodovil Hernandes, acusado da prática do delito ambiental do artigo 40, da Lei 9.605/98.

POSIÇÃO DO STF

Da mesma forma, em 21/08/2012, no julgamento do HC 112.563, novamente a Suprema Corte aplicou o Princípio da Insignificância a um crime ambiental:

"AÇÃO PENAL. Crime ambiental. Pescador flagrado com doze camarões e rede de pesca, em desacordo com a Portaria 84/02, do IBAMA. Art. 34, parágrafo único, II, da Lei nº 9.605/98. Rei furtivae de valor insignificante. Periculosidade não considerável do agente. Crime de bagatela. Caracterização. Aplicação do princípio da insignificância. Atipicidade reconhecida. Absolvição decretada. HC concedido para esse fim. Voto vencido. Verificada a objetiva insignificância jurídica do ato tido por delituoso, à luz das suas circunstâncias, deve o réu, em recurso ou habeas corpus, ser absolvido por atipicidade do comportamento".

POSIÇÃO DO STF

*No entanto, o tema hoje é controvertido no STF, pois a **1ª Turma** negou a aplicação do Princípio da Insignificância ao delito do artigo 34 da Lei 9.605/98, ao argumento de que **"a natureza do bem protegido — o meio ambiente — afasta a construção jurisprudencial do crime de bagatela"**.*

Informativo STF 901 -Princípio da insignificância e pesca no período de defeso

O princípio da bagatela não se aplica ao crime previsto no art. 34, "caput" c/c parágrafo único, II, da Lei 9.605/1998.

*Com base nesse entendimento, a Primeira Turma denegou a ordem de "habeas corpus" em que se pleiteava a aplicação do princípio da insignificância à realização de pesca em período de defeso com o uso de método não permitido, ante a alegada irrelevância do dano ambiental causado pela pesca de sete quilos de camarão. A Turma afirmou que as circunstâncias da prática delituosa não afastam a configuração do tipo penal. Tais circunstâncias devem repercutir na fixação da pena. **Ademais, a natureza do bem protegido — o meio ambiente — afasta a construção jurisprudencial do crime de bagatela**.* HC 122560/SC, rel. Min. Marco Aurélio, julgamento em ***8.5.2018***. (HC-122560).

POSIÇÃO DO STJ

Outrossim, o Superior Tribunal de Justiça vem aplicando a bagatela aos delitos ambientais, se comprovado no caso concreto a ofensividade mínima da conduta ao ambiente:

"HABEAS CORPUS. AÇÃO PENAL. CRIME AMBIENTAL. ***ART. 34 DA LEI N. 9.605/98. AUSÊNCIA DE DANO AO MEIO AMBIENTE. CONDUTA DE MÍNIMA OFENSIVIDADE PARA O DIREITO PENAL. ATIPICIDADE MATERIAL. PRINCÍPIO DA INSIGNIFICÂNCIA.*** *APLICAÇÃO. TRANCAMENTO. ORDEM CONCEDIDA.*

1. Segundo a jurisprudência do Supremo Tribunal Federal, o princípio da insignificância tem como vetores a mínima ofensividade da conduta do agente, a nenhuma periculosidade social da ação, o reduzido grau de reprovabilidade do comportamento e a inexpressividade da lesão jurídica provocada.

2. Hipótese em que, com os acusados do crime de pesca em local interditado pelo órgão competente, não foi apreendido qualquer espécie de pescado, não havendo notícia de dano provocado ao meio-ambiente, mostrando-se desproporcional a imposição de sanção penal no caso, pois o resultado jurídico, ou seja, a lesão produzida, mostra-se absolutamente irrelevante.

3. Embora a conduta dos pacientes se amolde à tipicidade formal e subjetiva, ausente no caso a tipicidade material, que consiste na relevância penal da conduta e do resultado típicos em face da significância da lesão produzida no bem jurídico tutelado pelo Estado.

4. Ordem concedida para, aplicando-se o princípio da insignificância, trancar a Ação Penal n. 2009.72.00.002143-8, movida em desfavor dos pacientes perante a Vara Federal Ambiental de Florianópolis/SC" *(HC 143208, de 25.05.2010).*

O Supremo Tribunal Federal vem admitindo a possibilidade de aplicação do Princípio da Insignificância tanto aos crimes ambientais de dano quanto aos de perigo, mesmo que abstrato.

POSIÇÃO DO STF

"A Segunda Turma, em conclusão de julgamento, reputou improcedente acusação formulada contra deputado federal pela suposta prática do crime previsto no art. 34, "caput", da Lei 9.605/1998 ("Pescar em período no qual a pesca seja proibida ou em lugares interditados por órgão competente: Pena – detenção de um ano a três anos ou multa, ou ambas as penas cumulativamente") – v. Informativo 791. No caso, de acordo com o relatório de fiscalização, a autoridade ambiental abordara o deputado e outras duas pessoas em embarcação fundeada em área marítima pertencente à unidade de conservação federal de proteção integral. A Turma, de início, afastou a preliminar de inépcia da denúncia. Observou que essa peça processual descreveria de forma detalhada a ação empreendida, com menção ao dia, ao local e às circunstâncias do ato tido por criminoso, a possibilitar o pleno exercício da ampla defesa e do contraditório. Em seguida, reputou não existir, no caso concreto, o requisito da justa causa a propiciar o prosseguimento da ação penal, especialmente pela mínima ofensividade da conduta do agente, pela ausência de periculosidade social da ação, pelo reduzido grau de reprovabilidade do comportamento e pela inexpressividade da lesão jurídica provocada. Assim, apesar de a conduta do denunciado amoldar-se à tipicidade formal e subjetiva, não haveria a tipicidade material, consistente na relevância penal da conduta e no resultado típico, em razão da insignificância da lesão produzida no bem jurídico tutelado. ***A jurisprudência seria no sentido da aplicabilidade***

do princípio da insignificância aos crimes ambientais, tanto com relação aos de perigo concreto – em que haveria dano efetivo ao bem jurídico tutelado –, quanto aos de perigo abstrato, como no art. 34, "caput", da Lei 9.605/1998. *No processo em exame, não se produzira prova material de qualquer dano efetivo ao meio ambiente. Ademais, mesmo diante de crime de perigo abstrato, não seria possível dispensar a verificação "in concreto" do perigo real ou mesmo potencial da conduta praticada pelo acusado com relação ao bem jurídico tutelado. Esse perigo real não se verificaria na espécie vertente. Portanto, seria imperioso assentar a atipicidade material da conduta, pela completa ausência de ofensividade ao bem jurídico tutelado pela norma penal.* ***O acusado estaria em pequena embarcação quando teria sido surpreendido em contexto de pesca rústica, com vara de pescar, linha e anzol. Não estaria em barco grande, munido de redes, arrasto nem com instrumentos de maior potencialidade lesiva ao meio ambiente. Inq 3788/DF, rel. Min. Cármen Lúcia, 1°.3.2016. (Inq-3788).***

Assim, ressalvada a opinião contrária do autor desta obra, a posição para a prova objetiva é pela possibilidade de aplicação do Princípio da Insignificância aos delitos ambientais.

5.3.11. Características gerais dos crimes ambientais

Os crimes ambientais possuem uma série de peculiaridades que os diferenciam da maioria dos delitos capitulados na legislação do Brasil. Inicialmente, a sua previsão consta em uma lei penal especial, com disposições materiais e processuais penais que afastam, *a priori*, o Código Penal e o Código de Processo, que apenas terão aplicação supletiva, se houver compatibilidade.

Ademais, a interpretação da tipicidade nos crimes ambientais requer do exegeta um mínimo de conhecimento do Direito Ambiental, vez que é curial definir o sentido e o alcance de inúmeros elementos normativos do tipo, a exemplo de floresta de preservação permanente; animal nativo, silvestre, doméstico ou domesticado; Mata Atlântica; poluição etc.

Nesse sentido, muitos tipos previstos na Lei 9.605/98 são abertos, pois necessitam de um complemento para serem fechados, sendo classificados como **normas penais em branco**. Quando a complementação é dada por uma lei, ter-se-á uma norma penal em branco homogênea (a exemplo do delito do artigo 38), ao passo que quando é por um ato regulamentar do Poder Executivo, será denominada de heterogênea (a exemplo de delito do artigo 34).

Essa abertura dos tipos criminais ambientais justifica-se pelo caráter concretista e multidisciplinar do meio ambiente, não sendo possível, em grande parte dos casos, uma especificação pela Lei 9.605/98, sendo uma exceção tolerável ao Princípio da Estrita Legalidade.

Ademais disso, outra característica de alguns crimes ambientais é que não há a efetiva necessidade de dano ambiental para a sua consumação, sendo classificados como **delitos de perigo**, a exemplo do capitulado no artigo 52, da Lei 9.605/98.

Deveras, normalmente o dano ambiental é irreparável *in natura*, razão pela qual realiza o Princípio da Prevenção a criação de crimes de perigo, em que já constitui crime a mera ameaça ao bem ambiental protegido pela norma, pois a proteção posterior dificilmente irá aproveitar ao meio ambiente.

Outrossim, existem vários **crimes de dano culposos** na Lei 9.605/98, o que não se verifica no Código Penal, como as infrações penais dos artigos 38, 38-A, 40, 40-A e 49.

5.3.12. Crimes contra a fauna

Os crimes contra a fauna estão previstos no Capítulo V, Seção I, da Lei 9.605/98. O delito capitulado no **artigo 29**, da Lei 9.605/98, protege genericamente os animais integrantes da fauna silvestre, assim considerados todos aqueles pertencentes às espécies nativas, migratórias e quaisquer outras, aquáticas ou terrestres, que tenham todo ou parte de seu ciclo de vida ocorrendo dentro dos limites do território brasileiro, ou águas jurisdicionais brasileiras, *não se aplicando aos atos de pesca*:

TIPICIDADE	PENA
Matar, perseguir, caçar, apanhar, utilizar espécimes da fauna silvestre, nativos ou em rota migratória, sem a devida permissão, licença ou autorização da autoridade competente, ou em desacordo com a obtida	Detenção de seis meses a um ano, e multa

Foi prevista a possibilidade de concessão de perdão judicial na hipótese de guarda doméstica de espécie silvestre não considerada ameaçada de extinção, bem como uma causa de aumento até o triplo da pena, no caso de exercício de caça profissional.

Por sua vez, o **artigo 30** objetiva proteger os anfíbios e os répteis:

TIPICIDADE	PENA
Exportar para o exterior peles e couros de anfíbios e répteis em bruto, sem a autorização da autoridade ambiental competente	Reclusão, de um a três anos, e multa

Já o artigo 31 tem o desiderato de manter o equilíbrio dos ecossistemas brasileiros, que poderá estar ameaçado com a inserção não autorizada de um animal exótico (de outro ecossistema):

TIPICIDADE	PENA
Introduzir espécime animal no País, sem parecer técnico oficial favorável e licença expedida por autoridade competente	Detenção, de três meses a um ano, e multa

O **artigo 32** visa à proteção de todos os animais vertebrados contra os maus-tratos ou mesmo a morte, tendo em vista se tratarem de seres vivos que sentem dor:

TIPICIDADE	PENA
Praticar ato de abuso, maus-tratos, ferir ou mutilar animais silvestres, domésticos ou domesticados, nativos ou exóticos	Detenção, de três meses a um ano, e multa

Vale frisar que estão sujeitos à mesma pena quem realiza experiência dolorosa ou cruel em animal vivo, ainda que para fins didáticos ou científicos, quando existirem recursos alternativos, assim como a morte do animal elevará a pena de um sexto a um terço.

Por força da **Lei 14.064/2020**, quando se tratar de cão ou gato, a pena para as condutas descritas será de reclusão, de 2 (dois) a 5 (cinco) anos, multa e proibição da guarda, tendo, portanto, sido criado um **tipo qualificado**.

Por força da **Lei 14.228/2021**, ficou vedada a eliminação da vida de cães e de gatos pelos órgãos de controle de zoonoses, canis públicos e estabelecimentos oficiais congêneres, com exceção da eutanásia nos casos de males, doenças graves ou enfermidades infectocontagiosas incuráveis que coloquem em risco a saúde humana e a de outros animais, sob pena de tipificação do delito do artigo 32 da Lei 9.605/98.

POSIÇÃO DO STF

É inconstitucional a interpretação da legislação federal que possibilita o abate imediato de animais apreendidos em situação de maus-tratos.

Essa exegese — proposta por órgãos administrativos e adotada por autoridades judiciais — ofende normas materiais da Constituição Federal (CF), em especial o art. 225, § 1º, VII, que impõe a proteção à fauna e proíbe qualquer espécie de maus-tratos aos animais.

Embora sejam relevantes, os problemas estruturais e financeiros, mencionados nas decisões judiciais e nas manifestações administrativas, não autorizam o abate, e sim o uso de instrumentos descritos na legislação infraconstitucional, como a soltura em habitat natural ou em cativeiros, a doação a entidades especializadas ou a pessoas habilitadas e, inclusive, o leilão. A finalidade das normas protetivas não autoriza concluir que os animais devam ser resgatados de situações de maus-tratos para, logo em seguida, serem abatidos.

As decisões judiciais e as interpretações administrativas que justificam o abate preferencial e imediato desses animais violam também o princípio da legalidade (CF, art. 37, ***caput****). Isso, porque inexiste autorização legal expressa que possibilite o abate no caso específico de apreensão em situação de maus-tratos, conforme se observa da literalidade do art. 25, §§ 1º e 2º, combinado com o art. 32 da Lei 9.605/1998 (Lei dos Crimes Ambientais), bem assim dos arts. 101, 102 e 103 do Decreto 6.514/2008.*

Com base nesse entendimento, o Plenário, por unanimidade, julgou procedente o pedido formulado em arguição de descumprimento de preceito fundamental para declarar a ilegitimidade da interpretação dos arts. 25, §§ 1º e 2º da Lei 9.605/1998, bem como dos artigos 101, 102 e 103 do Decreto 6.514/2008 e demais normas infraconstitucionais, que autorizem o abate de animais apreendidos em situação de maus-tratos. *ADPF 640 MC-Ref/DF, relator Min. Gilmar Mendes, julgamento virtual finalizado em 17.9.2021 (sexta-feira), às 23:59.*

O **artigo 33** veicula um delito de poluição bem específico que tem o desiderato de proteger os espécimes da fauna aquática:

TIPICIDADE	PENA
Provocar, pela emissão de efluentes ou carreamento de materiais, o perecimento de espécimes da fauna aquática existentes em rios, lagos, açudes, lagoas, baías ou águas jurisdicionais brasileiras	Detenção, de um a três anos, ou multa, ou ambas cumulativamente

Já o **artigo 34** busca punir a pesca praticada em locais ou períodos proibidos (normalmente durante o período de reprodução), sendo necessário um complemento do Poder Público para o fechamento do tipo (norma penal em branco), pois o dispositivo não especifica o impedimento da pesca:

TIPICIDADE	PENA
Pescar em período no qual a pesca seja proibida ou em lugares interditados por órgão competente	Detenção de um ano a três anos ou multa, ou ambas as penas cumulativamente

Vale ressaltar que, de acordo com o artigo 36, da Lei 9.605/98, para efeitos criminais,

> "considera-se pesca todo ***ato tendente*** a retirar, extrair, coletar, apanhar, apreender ou capturar espécimes dos grupos dos peixes, crustáceos, moluscos e vegetais hidróbios, suscetíveis ou não de aproveitamento econômico, ressalvadas as espécies ameaçadas de extinção, constantes nas listas oficiais da fauna e da flora".

Assim, a tentativa de retirada de vegetais da água, peixes, moluscos e crustáceos é suficiente para que haja a consumação do crime do artigo 34, da Lei 9.605/98, razão pela qual ele não admite tentativa (delito de atentado ou empreendimento).

De seu turno, o **artigo 35** pune mais gravemente a pesca promovida com o manejo de explosivos ou substâncias tóxicas, em razão da maior lesividade ambiental:

TIPICIDADE	PENA
Pescar mediante a utilização de: I - explosivos ou substâncias que, em contato com a água, produzam efeito semelhante; II - substâncias tóxicas, ou outro meio proibido pela autoridade competente	Reclusão de um ano a cinco anos

Por fim, o **artigo 37** prevê hipóteses de exclusão da ilicitude da conduta nos crimes ambientais, **não sendo considerado delito contra o meio ambiente** o abate de animais quando realizado:

- Em estado de necessidade, para saciar a fome do agente ou de sua família;
- Para proteger lavouras, pomares e rebanhos da ação predatória ou destruidora de animais, desde que legal e expressamente autorizado pela autoridade competente;
- Por ser nocivo o animal, desde que assim caracterizado pelo órgão competente.

5.3.13. Crimes contra a flora

Os crimes contra a flora estão previstos no Capítulo V, Seção II, da Lei 9.605/98. O **artigo 38** confere proteção penal às florestas situadas em APP, ou seja, as vegetações arbóreas densas das áreas dos artigos 4º e 6º do novo Código Florestal:

TIPICIDADE	PENA
Destruir ou danificar floresta considerada de preservação permanente, mesmo que em formação, ou utilizá-la com infringência das normas de proteção	Detenção, de um a três anos, ou multa, ou ambas as penas cumulativamente

Ainda é prevista a modalidade culposa (dano culposo), com pena reduzida à metade.

Já o **artigo 38-A**, inserido pela Lei 11.428/2006, é específico para a **proteção do Bioma Mata Atlântica**. Em decorrência do Princípio da Intervenção Mínima, o artigo 38-A, da Lei 11.428/06, apenas protege a Mata Atlântica primária e secundária em estado avançado e médio de regeneração:

TIPICIDADE	PENA
Destruir ou danificar vegetação primária ou secundária, em estágio avançado ou médio de regeneração, do Bioma Mata Atlântica, ou utilizá-la com infringência das normas de proteção	Detenção, de 1 (um) a 3 (três) anos, ou multa, ou ambas as penas cumulativamente

Ainda é prevista a modalidade culposa (dano culposo), com pena reduzida à metade.

Já o **artigo 39**, da Lei 9.605/98, é específico para a proteção de árvores situadas em florestas de preservação permanente, sendo especial com relação ao tipo do artigo 38:

TIPICIDADE	PENA
Cortar árvores em floresta considerada de preservação permanente, sem permissão da autoridade competente	Detenção, de um a três anos, ou multa, ou ambas as penas cumulativamente

Os **artigos 40 e 40-A** protegem as unidades de conservação, tanto as de *proteção integral* (Estações Ecológicas, Reservas Biológicas, Parques Nacionais, Monumentos Naturais e Refúgios de Vida Silvestre) quanto as de **uso sustentável** (Áreas de Proteção Ambiental, Áreas de Relevante Interesse Ecológico, Florestas Nacionais, Reservas

Extrativistas, Reservas de Fauna, Reservas de Desenvolvimento Sustentável e Reservas Particulares do Patrimônio Natural).

TIPICIDADE	PENA
Causar dano direto ou indireto às Unidades de Conservação e às áreas de que trata o art. 27 do Decreto nº 99.274, de 6 de junho de 1990, independentemente de sua localização	Reclusão, de um a cinco anos

Ainda é prevista a modalidade culposa (dano culposo), com pena reduzida à metade.

POSIÇÃO DO STJ

O delito de causar dano em unidade de conservação (art. 40 da Lei n. 9.605/1998) pode ser absorvido pelo delito de construir em solo que, por seu valor ecológico, não é edificável (art. 64 da Lei n. 9.605/1998). REsp 1.925.717-SC, Rel. Min. Ribeiro Dantas, Quinta Turma, por unanimidade, julgado em 25/05/2021, DJe 28/05/2021.

O **artigo 41** tem o propósito de tutelar as matas e florestas contra os incêndios causados dolosamente, sendo que o delito admite modalidade culposa, mas com pena de detenção de seis meses a um ano, e multa:

TIPICIDADE	PENA
Provocar incêndio em floresta ou em demais formas de vegetação: **(Redação dada pela Lei nº 14.944, de 2024)**	Reclusão, de dois a quatro anos, e multa

Com o advento da **Lei 14.944/2024**, as demais formas de vegetação passaram a contar com a tutela penal diante da ampliação do lastro protetivo do tipo, para incêndios a contar de 01/08/2024.

Já o **artigo 42** criminaliza a conduta daqueles que soltam, fabricam, transportam ou vendem balões, pois há um elevado risco de incêndio tanto em áreas urbanas quanto em rurais:

TIPICIDADE	PENA
Fabricar, vender, transportar ou soltar balões que possam provocar incêndios nas florestas e demais formas de vegetação, em áreas urbanas ou qualquer tipo de assentamento humano	Detenção de um a três anos ou multa, ou ambas as penas cumulativamente

O delito do **artigo 43** foi vetado.

Por sua vez, o **artigo 44** contempla um tipo especial de extração de recursos minerais desautorizada, mas apenas em áreas públicas ou de preservação permanente:

TIPICIDADE	PENA
Extrair de florestas de domínio público ou consideradas de preservação permanente, sem prévia autorização, pedra, areia, cal ou qualquer espécie de minerais	Detenção, de seis meses a um ano, e multa

O **artigo 45** objetiva evitar que as madeiras mais nobres sejam transformadas em carvão, mas ainda não tem aplicabilidade, pois inexiste na atualidade um ato do Pode Público listando as madeiras de lei:

TIPICIDADE	PENA
Cortar ou transformar em carvão madeira de lei, assim classificada por ato do Poder Público, para fins industriais, energéticos ou para qualquer outra exploração, econômica ou não, em desacordo com as determinações legais	Reclusão, de um a dois anos, e multa

Já o **artigo 46** criminaliza a conduza daqueles que recebem, adquirem, vendem, compram, guardam ou transportam produtos de origem vegetal não beneficiados, especialmente a madeira, sem a licença ou autorização ambiental:

TIPICIDADE	PENA
Receber ou adquirir, para fins comerciais ou industriais, madeira, lenha, carvão e outros produtos de origem vegetal, sem exigir a exibição de licença do vendedor, outorgada pela autoridade competente, e sem munir-se da via que deverá acompanhar o produto até final beneficiamento Incorre nas mesmas penas quem vende, expõe à venda, tem em depósito, transporta ou guarda madeira, lenha, carvão e outros produtos de origem vegetal, sem licença válida para todo o tempo da viagem ou do armazenamento, outorgada pela autoridade competente.	Detenção, de seis meses a um ano, e multa

O crime do **artigo 47** foi vetado.

O delito do **artigo 48** criminaliza a conduta daqueles que impedem ou dificultam a regeneração natural da vegetação de maneira clandestina, a exemplo da construção de prédio ou do lançamento de sementes na área em que poderia ocorrer a regeneração:

TIPICIDADE	PENA
Impedir ou dificultar a regeneração natural de florestas e demais formas de vegetação	Detenção, de seis meses a um ano, e multa

O crime do **artigo 49** objetiva proteger as plantas de ornamentação. Entende-se que tipificar essa conduta viola o caráter fragmentário do Direito Penal e o Princípio da Proporcionalidade, especialmente por existir uma modalidade culposa (pena de um a seis meses, ou multa) sendo um exagero do legislador:

TIPICIDADE	PENA
Destruir, danificar, lesar ou maltratar, por qualquer modo ou meio, plantas de ornamentação de logradouros públicos ou em propriedade privada alheia	Detenção, de três meses a um ano, ou multa, ou ambas as penas cumulativamente

De seu turno, no **artigo 50** o legislador objetivou proteger florestas que fixam dunas ou mangues, mas não houve definição do que é "objeto de especial preservação":

TIPICIDADE	PENA
Destruir ou danificar florestas nativas ou plantadas ou vegetação fixadora de dunas, protetora de mangues, objeto de especial preservação	Detenção, de três meses a um ano, e multa

O **artigo 50-A** foi inserido através da Lei 11.284/2006 e objetiva a proteção de florestas públicas especialmente na Amazônia:

TIPICIDADE	PENA
Desmatar, explorar economicamente ou degradar floresta, plantada ou nativa, em terras de domínio público ou devolutas, sem autorização do órgão competente	Reclusão de 2 (dois) a 4 (quatro) anos e multa

De efeito, há uma causa de aumento de pena para os desmatamentos acima de 1.000 ha, de um ano para cada milhar de hectare desmatado.

Por sua vez, ainda foi prevista uma excludente especial de ilicitude, não sendo crime a conduta praticada quando necessária à subsistência imediata pessoal do agente ou de sua família.

O **artigo 51** criminaliza a conduta daqueles que comercializam motosserras ou as utilizam em vegetação sem autorização ou licença ambiental:

TIPICIDADE	PENA
Comercializar motosserra ou utilizá-la em florestas e nas demais formas de vegetação, sem licença ou registro da autoridade competente	Detenção, de três meses a um ano, e multa.

No **artigo 52** foi cristalizado um delito de perigo, pois a mera ameaça às unidades de conservação foi criminalizada através da seguinte conduta:

TIPICIDADE	PENA
Penetrar em Unidades de Conservação conduzindo substâncias ou instrumentos próprios para caça ou para exploração de produtos ou subprodutos florestais, sem licença da autoridade competente	Detenção, de seis meses a um ano, e multa

Finalmente, o **artigo 53** instituiu causas de aumento de pena para os crimes contra a flora de um sexto a um terço, que apenas serão aplicadas quanto não constituírem ou qualificarem os delitos para que não haja *bis in idem*:

- Do fato resulta a diminuição de águas naturais, a erosão do solo ou a modificação do regime climático;

- O crime é cometido: no período de queda das sementes; no período de formação de vegetações; contra espécies raras ou ameaçadas de extinção, ainda que a ameaça ocorra somente no local da infração; em época de seca ou inundação; durante a noite, em domingo ou feriado.

5.3.14. Crimes de poluição e outros crimes ambientais

O crime de poluição e outros delitos contra o ambiente estão previstos no Capítulo V, Seção III, da Lei 9.605/98. Já no **artigo 54** foi capitulado um dos crimes ambientais mais importantes, o de poluição.

Por óbvio, apenas será considerada criminosa a poluição ilícita, ou seja, a que não está amparada em licenciamento ambiental ou é promovida em desconformidade com a licença ou autorização ambiental obtida.

Ademais, apenas a poluição mais grave foi tipificada, em quatro núcleos alternativos do tipo penal:

TIPICIDADE	PENA
Causar poluição de qualquer natureza em níveis tais que resultem ou possam resultar em danos à saúde humana, ou que provoquem a mortandade de animais ou a destruição significativa da flora	Reclusão, de um a quatro anos, e multa

POSIÇÃO DO STJ

Existia controvérsia no STJ sobre a necessidade de perícia oficial para demonstrar a tipicidade da conduta deste delito. A 3ª Seção, no julgamento do EREsp 1.417.279-SC, Rel. Min. Joel Ilan Paciornik, por unanimidade, julgado em 11/04/2018, decidiu que o delito previsto na primeira parte do artigo 54 da Lei n. 9.605/1998 possui ***natureza formal,*** *sendo suficiente a potencialidade de dano à saúde humana para configuração da conduta delitiva: "Cinge-se a controvérsia a saber se é necessária a realização de perícia técnica para a comprovação do dano efetivo à saúde humana no que tange à caracterização de crime ambiental consubstanciado em causar poluição de qualquer natureza. Quanto ao ponto, o acórdão embargado entendeu que "o delito previsto na primeira parte do art. 54 da Lei n. 9.605/1998 exige prova do risco de dano, sendo insuficiente para configurar a conduta delitiva a mera potencialidade de dano à saúde humana". Já para o acórdão paradigma, "o delito previsto na primeira parte do artigo 54, da Lei n. 9.605/1998, possui natureza formal, porquanto o risco, a potencialidade de dano à saúde humana, é suficiente para configurar a conduta delitiva, não se exigindo, portanto, resultado naturalístico e, consequentemente, a realização de perícia" (AgRg no REsp 1.418.795-SC, Rel. Ministro Marco Aurélio Bellize, Rel. para acórdão Regina Helena Costa, Quinta Turma, DJe 7/8/2014).* ***Deve prevalecer o entendimento do acórdão paradigma e nos casos em que forem reconhecidas a autoria e a materialidade da conduta descrita no art. 54, § 2º, V, da Lei n. 9.605/1998, a potencialidade de dano à saúde humana é suficiente para configuração da conduta delitiva, haja vista a natureza formal do crime, não se exigindo, portanto, a realização de perícia"*** *(Informativo STJ 624).*

POSIÇÃO DO STJ

Em situação mais gravosa, o STJ admitiu a **poluição sonora** *como hipótese de tipificação do delito do artigo 54 da Lei 9.605/98, inclusive o classificando como* **crime de perigo abstrato**, *dispensando prova pericial: "O Tribunal estadual desclassificou a conduta do art. 54, caput, da Lei n. 9.605/1998 (poluição sonora) para a prevista no art. 42 do Decreto Lei n. 3.688/1941 (contravenção de perturbação) essencialmente porque não realizada prova técnica para comprovação do dano ou da probabilidade do dano à saúde dos moradores locais, embora constatado que houve elevação sonora acima da fixada em regulamentação específica.*

Contudo, referido entendimento não encontra amparo na jurisprudência do STJ, pois o crime do art. 54, caput, da Lei n. 9.605/1998, primeira parte, se trata de **crime formal, de perigo abstrato**, *prescindindo de prova pericial para constatação de poluição que possa resultar em danos à saúde humana diante do desrespeito às regras de emissão sonora.*

Nessa linha, nos termos do entendimento desta Corte, "1. A emissão de som, quando em desacordo com os padrões estabelecidos, provocará a degradação da qualidade ambiental. 2. A conduta narrada na denúncia mostra-se plenamente adequada à descrição típica constante no art. 54, caput, e § 2º, I, da Lei n. 9.605/1998, c/c o art. 3º, III, da Lei n. 6.938/1981, **pois descreve a emissão pela pessoa jurídica de ruídos acima dos padrões estabelecidos pela NBR 10.151, causando, por conseguinte, prejuízos à saúde humana, consoante preconiza a Resolução do Conama n. 01/1990.**" *(AgRg no REsp 1.442.333/RS, Rel. Ministro Sebastião Reis Júnior, Sexta Turma, DJe de 27/6/2016).*

Desse modo, no caso, diante do comprovado desrespeito às regras de emissão sonora constatado pelas instâncias ordinárias em decorrência de levantamento de ruídos ambiental, indevida a desclassificação operada pelo Tribunal a quo com fundamento na falta de realização de prova técnica para comprovação do dano ou da probabilidade do dano à saúde dos moradores locais". AgRg no REsp 2.130.764-MG, Rel. Ministro Joel Ilan Paciornik, Quinta Turma, por unanimidade, julgado em 16/9/2024, DJe 18/9/2024.

Esta infração penal ainda admite a modalidade culposa, com pena de detenção, de seis meses a um ano, e multa. Ainda foi previsto o delito de *poluição qualificada* pelo maior desvalor do resultado:

TIPICIDADE	PENA
Se o crime: tornar uma área, urbana ou rural, imprópria para a ocupação humana; causar poluição atmosférica que provoque a retirada, ainda que momentânea, dos habitantes das áreas afetadas, ou que cause danos diretos à saúde da população; causar poluição hídrica que	Reclusão, de um a cinco anos

TIPICIDADE	PENA
torne necessária a interrupção do abastecimento público de água de uma comunidade; dificultar ou impedir o uso público das praias; ocorrer por lançamento de resíduos sólidos, líquidos ou gasosos, ou detritos, óleos ou substâncias oleosas, em desacordo com as exigências estabelecidas em leis ou regulamentos	

Existe também um tipo *omissivo formal* com a mesma pena do tipo qualificado para quem deixar de adotar, quando assim o exigir a autoridade competente, medidas de precaução em caso de risco de dano ambiental grave ou irreversível.

POSIÇÃO DO STJ

As condutas delituosas previstas nos artigos 54, § 1º, I, II, III e IV e § 3º e 56, § 1º, I e II, c/c 58, I, da Lei n. 9.605/1998, que se resumem na ação de causar poluição ambiental que provoque danos à população e ao próprio ambiente, em desacordo com as exigências estabelecidas na legislação de proteção, e na omissão em adotar medidas de precaução nos casos de risco de dano grave ou irreversível ao ecossistema, são de natureza permanente, para fins de aferição da prescrição. *AgRg no REsp 1.847.097-PA, Rel. Min. Joel Ilan Paciornik, Quinta Turma, por unanimidade, julgado em 05/03/2020, DJe 13/03/2020.*

De sua vez, colaciona-se abaixo a conduta criminalizada e as penas dos demais delitos capitulados na Seção III:

ARTIGO	TIPICIDADE	PENA
55	Executar pesquisa, lavra ou extração de recursos minerais sem a competente autorização, permissão, concessão ou licença, ou em desacordo com a obtida Nas mesmas penas incorre quem deixa de recuperar a área pesquisada ou explorada, nos termos da autorização, permissão, licença, concessão ou determinação do órgão competente	Detenção, de seis meses a um ano, e multa

ARTIGO	TIPICIDADE	PENA
56	Produzir, processar, embalar, importar, exportar, comercializar, fornecer, transportar, armazenar, guardar, ter em depósito ou usar produto ou substância tóxica, perigosa ou nociva à saúde humana ou ao meio ambiente, em desacordo com as exigências estabelecidas em leis ou nos seus regulamentos Modalidade culposa	Reclusão, de um a quatro anos, e multa Detenção, de seis meses a um ano, e multa
60	Construir, reformar, ampliar, instalar ou fazer funcionar, em qualquer parte do território nacional, estabelecimentos, obras ou serviços potencialmente poluidores, sem licença ou autorização dos órgãos ambientais competentes, ou contrariando as normas legais e regulamentares pertinentes	Detenção, de um a seis meses, ou multa, ou ambas as penas cumulativamente
61	Disseminar doença ou praga ou espécies que possam causar dano à agricultura, à pecuária, à fauna, à flora ou aos ecossistemas	Reclusão, de um a quatro anos, e multa

Vale frisar que os crimes ambientais dos **artigos 57 e 59** foram vetados pelo Presidente da República. Já o **artigo 58** instituiu causas de aumento de pena para os crimes ambientais da Seção III:

- De um sexto a um terço, se resulta dano irreversível à flora ou ao meio ambiente em geral;
- De um terço até a metade, se resulta lesão corporal de natureza grave em outrem;
- Até o dobro, se resultar a morte de outrem.

5.3.15. Crimes contra o ordenamento urbano e o patrimônio cultural

Na Seção IV foram protegidos pela norma penal os bens integrantes do meio ambiente cultural e artificial:

ARTIGO	TIPICIDADE	PENA
62	Destruir, inutilizar ou deteriorar: bem especialmente protegido por lei, ato administrativo ou decisão judicial; arquivo, registro, museu, biblioteca, pinacoteca, instalação científica ou similar protegido por lei, ato administrativo ou decisão judicial Modalidade culposa	Reclusão, de um a três anos, e multa De seis meses a um ano de detenção, sem prejuízo da multa
63	Alterar o aspecto ou estrutura de edificação ou local especialmente protegido por lei, ato administrativo ou decisão judicial, em razão de seu valor paisagístico, ecológico, turístico, artístico, histórico, cultural, religioso, arqueológico, etnográfico ou monumental, sem autorização da autoridade competente ou em desacordo com a concedida	Reclusão, de um a três anos, e multa
64	Promover construção em solo não edificável, ou no seu entorno, assim considerado em razão de seu valor paisagístico, ecológico, artístico, turístico, histórico, cultural, religioso, arqueológico, etnográfico ou monumental, sem autorização da autoridade competente ou em desacordo com a concedida	Detenção, de seis meses a um ano, e multa
65	Pichar ou por outro meio conspurcar edificação ou monumento urbano Tipo qualificado: Se o ato for realizado em monumento ou coisa tombada em virtude do seu valor artístico, arqueológico ou histórico	Detenção, de 3 (três) meses a 1 (um) ano, e multa Pena de 6 (seis) meses a 1 (um) ano de detenção e multa

Vale frisar que a Lei 12.248/2011, que alterou a redação do artigo 65, da Lei 9.605/98, passou a prever que não constitui crime a prática de grafite realizada com o objetivo de valorizar o patrimônio público ou privado mediante manifestação artística, desde que consentida pelo proprietário e, quando couber, pelo locatário ou arrendatário do bem privado e, no caso de bem público, com a autorização do órgão competente e a observância das posturas municipais e das normas editadas pelos órgãos governamentais responsáveis pela preservação e conservação do patrimônio histórico e artístico nacional.

Mesmo antes dessa inovação, o grafite artístico com autorização do Poder Público ou do proprietário do bem não constituía crime ambiental, pois a ilicitude da conduta era excluída pelo exercício regular do direito, pois admitida pelo ordenamento jurídico.

5.3.16. Crimes contra a administração ambiental

Na Seção V foram capitulados os delitos praticados contra a Administração Pública Ambiental:

ARTIGO	TIPICIDADE	PENA
66	Fazer o funcionário público afirmação falsa ou enganosa, omitir a verdade, sonegar informações ou dados técnico-científicos em procedimentos de autorização ou de licenciamento ambiental	Reclusão, de um a três anos, e multa
67	Conceder o funcionário público licença, autorização ou permissão em desacordo com as normas ambientais, para as atividades, obras ou serviços cuja realização depende de ato autorizativo do Poder Público Modalidade culposa	Detenção, de um a três anos, e multa De três meses a um ano de detenção, sem prejuízo da multa
68	Deixar, aquele que tiver o dever legal ou contratual de fazê-lo, de cumprir obrigação de relevante interesse ambiental Modalidade culposa	Detenção, de um a três anos, e multa De três meses a um ano, sem prejuízo da multa

ARTIGO	TIPICIDADE	PENA
69	Obstar ou dificultar a ação fiscalizadora do Poder Público no trato de questões ambientais	Detenção, de um a três anos, e multa
69-A	Elaborar ou apresentar, no licenciamento, concessão florestal ou qualquer outro procedimento administrativo, estudo, laudo ou relatório ambiental total ou parcialmente falso ou enganoso, inclusive por omissão	Reclusão, de 3 (três) a 6 (seis) anos, e multa
	Modalidade culposa	Detenção, de 1 (um) a 3 (três) anos
	Se há dano significativo ao meio ambiente, em decorrência do uso da informação falsa, incompleta ou enganosa	Aumento de pena de 1/3 a 2/3

5.4. TÓPICO – SÍNTESE

Tópico – Síntese: Responsabilidade ambiental Civil, Administrativa e Criminal	
Previsão legal	Arts. 225, § 3.º, da Constituição e art. 14, § 1.º, da Lei 6.938/1981.
Responsável	Poluidor direto e indireto, pessoa física ou jurídica, de direito público ou privado, que causar degradação ambiental. É solidária. Novo proprietário, possuidor ou detentor a qualquer título de imóvel com passivo ambiental (obrigação *propter rem*).
Natureza	Objetiva, norteada pela Teoria do Risco Integral (posição do STJ). No caso da Administração Pública, a responsabilidade pela omissão na fiscalização será objetiva, se relevante na concretização ou ampliação do dano ambiental STJ), assegurado o regresso contra o poluidor direto.

Tópico – Síntese: Responsabilidade ambiental Civil, Administrativa e Criminal	
Espécies de danos	Patrimonial (patrimônio ambiental) e extrapatrimonial (moral) individual e coletivo. O STJ usa a diferenciação entre dano ambiental público (meio ambiente) e privado (reflexo do dano público no patrimônio privado).
Imprescritibilidade	De acordo com o STJ e STF, a pretensão para a reparação do dano ambiental é perpétua.
Inversão do ônus da prova	É admitida pelo STJ nas ações de reparação com base no Princípio da Precaução e no interesse público da reparação do dano ambiental.
Desconsideração da personalidade jurídica	De acordo com o artigo 4.º, da Lei 9.605/1998, poderá ser desconsiderada a pessoa jurídica sempre que sua personalidade for obstáculo ao ressarcimento de prejuízos causados à qualidade do meio ambiente. Adota-se a Teoria Menor.
Natureza jurídica	Ressarcitória, não sendo punitiva (STJ). Admite-se cumulação de condenações (não fazer, fazer e pagar).
INFRAÇÕES ADMINISTRATIVAS AMBIENTAIS	
Definição	Considera-se infração administrativa ambiental toda ação ou omissão que viole as regras jurídicas de uso, gozo, promoção, proteção e recuperação do meio ambiente.
Natureza jurídica	Subjetiva (STJ).
Processo administrativo	Deverá se lavrar um auto de infração e instaurar um processo administrativo, sendo essa competência dos funcionários de órgãos ambientais integrantes do Sistema Nacional de Meio Ambiente - SISNAMA, designados para as atividades de fiscalização, bem como os agentes das Capitanias dos Portos, do Ministério da

Tópico – Síntese: Responsabilidade ambiental Civil, Administrativa e Criminal	
Processo administrativo	Marinha. Após a atuação, será aberto um lapso temporal de vinte dias para o infrator oferecer defesa ou impugnação contra o auto de infração, cabendo à autoridade administrativa julgar o auto de infração em trinta dias, contados da sua lavratura, apresentada ou não a defesa. Ademais, da decisão da autoridade administrativa poderá ser interposto recurso pelo infrator, no prazo de vinte dias da sua notificação.
Penalidades	Advertência; multa simples; multa diária; apreensão dos animais, produtos e subprodutos da fauna e flora, instrumentos, petrechos, equipamentos ou veículos de qualquer natureza utilizados na infração; destruição ou inutilização do produto; suspensão de venda e fabricação do produto; embargo de obra ou atividade; demolição de obra; suspensão parcial ou total de atividades e restritiva de direitos.
CRIMES AMBIENTAIS	
Imputação de responsabilidade à pessoa jurídica	- Que o crime ambiental tenha sido cometido por decisão de seu representante legal ou contratual, ou de seu órgão colegiado; - Que o crime ambiental tenha se consumado no interesse ou benefício da entidade. Para o STF, o sistema de dupla imputação é facultativo. O STJ aderiu a este posicionamento em 2015.

Tópico – Síntese: Responsabilidade ambiental Civil, Administrativa e Criminal	
Competência para julgamento	Em regra, da Justiça estadual. Excepcionalmente, da Justiça federal: crimes ambientais praticados em detrimento de bens, serviços ou interesse da União ou de suas entidades autárquicas ou empresas públicas, excluídas as contravenções; crimes ambientais previstos em tratado ou convenção internacional, quando, iniciada a execução no País, o resultado tenha ou devesse ter ocorrido no estrangeiro, ou reciprocamente; crimes ambientais cometidos a bordo de navios ou aeronaves.
Liquidação forçada da pessoa jurídica	A pessoa jurídica constituída ou utilizada, preponderantemente, com o fim de permitir, facilitar ou ocultar a prática de crime definido nesta Lei terá decretada sua liquidação forçada, seu patrimônio será considerado instrumento do crime e como tal perdido em favor do Fundo Penitenciário Nacional.
Ação penal	Pública incondicionada.
Princípio da Insignificância	Aplica-se aos delitos ambientais (posição do STF e do STJ).

APÊNDICE SÚMULAS AMBIENTAIS DO STJ

SÚMULA 467

Prescreve em cinco anos, contados do término do processo administrativo, a pretensão da Administração Pública de promover a execução da multa por infração ambiental.

SÚMULA 613

Não se admite a aplicação da teoria do fato consumado em tema de Direito Ambiental. **Primeira Seção, aprovada em 09/05/2018, DJe 14/05/2018.**

SÚMULA 618

A inversão do ônus da prova aplica-se às ações de degradação ambiental. **Corte Especial, julgado em 24/10/2018, DJe 30/10/2018.**

SÚMULA 623

As obrigações ambientais possuem natureza *propter rem*, sendo admissível cobrá-las do proprietário ou possuidor atual e/ou dos anteriores, à escolha do credor.

SÚMULA 629

Quanto ao dano ambiental, é admitida a condenação do réu à obrigação de fazer ou à de não fazer cumulada com a de indenizar.

SÚMULA 652

A responsabilidade civil da Administração Pública por danos ao meio ambiente, decorrente de sua omissão no dever de fiscalização, é de caráter solidário, mas de execução subsidiária.

REFERÊNCIAS

ALEXY, Robert. *Constitucionalismo discursivo*. Porto Alegre: Livraria do Advogado, 2007.

ALMEIDA, António. *Como se posicionam os professores perante manifestações culturais com impacto na natureza. Resultados de uma investigação. In Revista Electrónica de Enseñanza de lãs Ciencias, vol. 8, nº 2*. Lisboa, 2009. Disponível em: http://reec.uvigo.es/volumenes/volumen8/ART15_Vol8_N2.pdf. >. Acesso em: 24 nov. 2009.ALMEIDA, Gregório Assagra de. *Direito processual coletivo brasileiro*. São Paulo: Saraiva, 2003.

AMADO, Frederico Augusto Di Trindade. A prescrição da pretensão sancionadora da Administração Pública federal diante da consumação de ilícito administrativo-ambiental. Disponível em: <www.jus.com.br>. Acesso em: 19 jan. 2008.

_____. *Direito Ambiental Esquematizado*. São Paulo: Juspodivm, 2024.

_____. O Estado de Direito Ambiental brasileiro e a inconstitucionalidade material dos artigos 1.290/1.293 do Código Civil do Brasil. Disponível em: <www.juspodivm.com.br>. Acesso em: 15 dez. 2009. _____. Peculiaridades da responsabilidade civil por danos ambientais. Disponível em: <www.supremoconcursos.com.br>. Acesso em: 10 nov. 2009.

ANTUNES, Paulo Bessa. *Direito ambiental*. Rio de Janeiro: Lumen Iures, 2005.

_____. Rio de Janeiro: Lumen Iures, 2008.

ARAGÃO, Alexandra. *Direito Constitucional do Ambiente na União Europeia. In Direito Constitucional Ambiental Brasileiro*. José

Joaquim Gomes Canotilho e José Rubens Morato Leite (organizadores). São Paulo. Saraiva, 2007.

ARAÚJO, Ubiracy. A repartição constitucional de competências em matéria ambiental. Brasília, 1997. Disponível em: <http.www.aprodab.org.br>. Acesso em: 1.º nov. 2006.

ATALIBA, Geraldo. *Hipótese de Incidência Tributária*. São Paulo: Malheiros, 1999.

BANDEIRA DE MELLO, Celso Antônio. *Curso de direito administrativo*. São Paulo: Malheiros, 2001.

BARROSO, Luís Roberto. Gestação de fetos anencefálicos e pesquisas com células-tronco: dois temas acerca da vida e da dignidade na Constituição. *Leituras complementares de constitucional*. Salvador: Juspodivm, 2006.

BARROSO, Luís Roberto. *Fundamentos Teóricos e Filosóficos do Novo Direito Constitucional Brasileiro (Pós-modernidade, Teoria Crítica e Pós-Positivismo)*. In *A Nova Interpretação Constitucional: Ponderação, Direitos Fundamentais e Relações Privadas*. Luís Roberto Barroso (organizador). 2. ed. Rio de Janeiro : Renovar, 2006.BECHARA, Erika. *Licenciamento e Compensação Ambiental*, São Paulo: Ed. Atlas, 2009.

BELTRÃO, Antônio F. G. *Curso de Direito Ambiental*, São Paulo: Ed. Método, 2009.

BITENCOURT, Cezar Roberto. *Manual de direito penal*. São Paulo: Saraiva, 2000.

BENJAMIN, Antônio Herman. Introdução ao direito ambiental brasileiro. In: ANAIS DO 3.º CONGRESSO INTERNACIONAL DE DIREITO AMBIENTAL. Brasília, 1999.

BENJAMIN, Antônio Herman. *Direito Constitucional Ambiental Brasileiro. In Direito Constitucional Ambiental Brasileiro*. José Joaquim Gomes Canotilho e José Rubens Morato Leite (organizadores). São Paulo: Saraiva, 2007.

CARVALHO FILHO, José dos Santos. *Direito administrativo*. 17. ed. Rio de Janeiro: Lumen Iuris, 2007.

CAVALIERI FILHO, Sergio. *Programa de responsabilidade civil*. 3. ed. São Paulo: Malheiros, 2002.

COSTA, Flávio Dino de Castro (obra conjunta). *Crimes e infrações administrativas ambientais*. Brasília: Brasília Jurídica, 2001.

CUNHA JÚNIOR, Dirley da. *Curso de direito constitucional*. Salvador: Juspodivm, 2008.

DASHEFSKY, H. Steven. *Dicionário de ciência ambiental*. 3. ed. São Paulo: Gaia, 2006.

DESTEFENNI, Marcos. *A responsabilidade civil ambiental e as formas de reparação do dano ambiental*. São Paulo: Bookseller, 2005.

FERREIRA, Aurélio Buarque de Holanda. *Dicionário Aurélio básico da língua portuguesa*. Rio de Janeiro: Nova Fronteira, 1988.

FERREIRA, Heline Sivini. *Competências Ambientais. In Direito Constitucional Ambiental Brasileiro*. José Joaquim Gomes Canotilho e José Rubens Morato Leite (organizadores). São Paulo: Saraiva, 2007. FINK, Daniel. *Aspectos jurídicos do licenciamento ambiental*. São Paulo: Forense, 2000.

FIORILLO, Celso Antonio Pacheco. *Curso de direito ambiental brasileiro*. São Paulo: Saraiva, 2008.

FREITAS, Vladimir Passos de. *A Constituição Federal e a efetividade das normas ambientais*. São Paulo: RT, 1993.

______; FREITAS, Gilberto Passos de. *Crimes contra a natureza*. 8. ed. São Paulo: RT, 2006.

GALDINO, Valéria Silva; WEBER, Gisele Bergamasco. Procotolo de Quioto: mecanismo de desenvolvimento limpo e sequestro de carbono. *Revista de Direito Ambiental*. São Paulo: RT, v. 51, 2008.

GIANNASI, Fernanda. Morte lenta. A exposição ao aminado ou abesto como causa de câncer ocupacional no Brasil. Disponível em: <www.jus.com.br>. Acesso em: 02 dez. 2009.

GOMES, Luiz Flávio. Texto sobre a suspensão condicional do processo nos crimes ambientais. Disponível em: <www.wikiiuspedia.com.br>. Acesso em: 10 out. 2008.

GRECO, Rogério. *Curso de direito penal* – parte geral. 5. ed. Rio de janeiro: Impetus, 2005.

GRINOVER, Ada Pellegrini; BENJAMIM, Antônio Herman de Vasconcellos e; FINK, Daniel Roberto; FILOMENO, José Geraldo Brito; WATANABE, Kazuo; NERY JUNIOR, Nelson; DENARI, Zelmo. *Código Brasileiro de Defesa do Consumidor*. São Paulo: Forense Universitária, 2001.

HERRMANN, Hildebrando; POVEDA, Eliane Pereira Rodrigues; SILVA, Marcus Vinicius Lopes. *Código de Mineração de 'A' a 'Z'*. Campinas: Millennium, 2009.

IBGE. *Vocabulário básico dos recursos naturais e meio ambiente*, 2004.

KRELL, Andreas J. Licença ou autorização ambiental? Muita discussão em torno de um falso dilema. *Revista de Direito Ambiental*, São Paulo: RT, v. 49, 2008.

LEMOS, Patrícia Faga Iglecias. *Meio ambiente e responsabilidade civil do proprietário*. São Paulo: RT, 2008.

LITTLE, Paul E. *Políticas ambientais no Brasil*. São Paulo: IEB, 2003.

MACHADO, Paulo Affonso Leme. *Direito ambiental brasileiro*. São Paulo: Malheiros, 2003.

______. *Direito ambiental brasileiro*. São Paulo: Malheiros, 2009.

______. *Federalismo, Amianto e Meio Ambiente: Julgado sobre Competência. In Direito Constitucional Ambiental Brasileiro*. José Joaquim Gomes Canotilho e José Rubens Morato Leite (organizadores). São Paulo: Saraiva, 2007.

MARINONI, Luiz Guilherme; ARENHART, Sergio Cruz. *Manual de processo de conhecimento*. São Paulo: RT, 2003.

MILARÉ, Édis. *Direito do ambiente*. São Paulo: RT, 2005.

_____ (obra conjunta). *Direito penal ambiental*. Campinas: Millennium, 2002.

MIRRA, Álvaro Luiz Valery. *Ação civil pública e a reparação do dano ao meio ambiente*. São Paulo: Juarez de Oliveira, 2002.

_____. A noção de poluidor na Lei 6.938/81 e a questão da responsabilidade solidária do estado. *Leituras complementares de direito ambiental*. Salvador: Juspodivm, 2008.

MORAES, Luís Carlos Silva de. *Código Florestal comentado*. São Paulo: Atlas, 2002.

_____. *Código Florestal comentado*. São Paulo: Atlas, 2009.

PIETRO, Maria Sylvia Zanella Di. *Direito Administrativo*. São Paulo: Atlas, 2003.

PINTO, Luiz Paulo de S. (obra conjunta). Mata Atlântica: ciência, conservação e políticas. Disponível em: <www.aliancamataatlantica.org.br/limites.html>. Acesso em: 05 nov. 2008.

POMPEU, Cid Tomanik. *Direito de* Águas *no Brasil*. São Paulo: RT, 2006.

PRADO, Luiz Regis. Apontamentos sobre o ambiente como bem jurídico-penal. *Revista de Direito Ambiental*, São Paulo: RT, v. 50, 2008.

_____. *Direito Penal do Ambiente*. São Paulo: RT, 2009.

REZEK, J. F. *Direito internacional público*. São Paulo: Saraiva, 2002.

RIBEIRO, Wagner Costa. *A ordem ambiental internacional*. São Paulo: Contexto, 2008.

ROCHA, Ibraim José das Mercês. Órgão ambiental competente para licenciamento de obra localizada nas margens de rio federal.

Disponível em: <http.www.jus.com.br>. Acesso em: 1.º nov. 2006.

SÁNCHEZ, Luis Enrique. *Avaliação de impacto ambiental*. São Paulo: Oficina dos Textos, 2006.

SANTOS, Rozely Ferreira dos, *In Planejamento Ambiental: teoria e prática*, Editora Oficina dos Textos, 2004.

SILVA, Américo Luís da. *Direito do Meio Ambiente e dos Recursos Naturais, volume I*. São Paulo: RT, 2005.

_____. *Direito do Meio Ambiente e dos Recursos Naturais, volume II*. São Paulo: RT, 2005.

_____. *Direito do Meio Ambiente e dos Recursos Naturais, volume III*. São Paulo: RT, 2006.SILVA, Daisy Rafaela. Patrimônio cultural imaterial – a tutela em face do direito ambiental brasileiro. *Leituras complementares de direito ambiental*. Salvador: Juspodivm, 2008.

SILVA, José Afonso da. *Curso de direito constitucional positivo*. São Paulo: Malheiros, 2002.

_____. *Direito constitucional ambiental*. São Paulo: Malheiros, 2009.

SILVA, Vicente Gomes da. Parecer 1206/02 – PROGE/IBAMA. Disponível em: <http.www.ibama.gov.br/proge>. Acesso em: nov. 2006.

SIRVINSKAS, Luís Paulo. *Manual de direito ambiental*. 6. ed. São Paulo: Saraiva, 2008.

SOUZA, Jorge Henrique de Oliveira. *Tributação e Meio Ambiente*. 1. Ed. Belo Horizonte: Del Rey, 2009.

THEODORO JÚNIOR, Humberto. *Curso de direito processual civil*. São Paulo: Forense, 1999. v. 1.

TRENNEPOHL, Terence Dornelles. *Direito Ambiental*. Salvador: Juspodivm, 2008.

TORRES, Heleno Taveira. Da relação entre competências constitucionais tributária e ambiental – os limites dos chamados “tributos ambientais". In TÔRRES, Heleno Taveira (Org.). *Direito Tributário Ambiental*. São Paulo: Malheiros, 2005.

TORRES, Ricardo Lobo. Princípios e teoria geral do Direito Tributário Ambiental. In TÔRRES, Heleno Taveira (Org.). *Direito Tributário Ambiental*. São Paulo: Malheiros, 2005.TRINDADE, Gustavo. Parecer 312/CONJUR/MMA/2004. Disponível em: <http.www.mma.gov.br>. Acesso em: nov. 2006.

VARELLA, Marcelo Dias. O acúmulo de lógicas distintas no direito internacional: conflitos entre comércio internacional e meio ambiente. Disponível em: <www.planalto.gov.br/ccivil_03/revista/rev_71/Artigos/artigo_Marcelodias.htm>. Acesso em jul. 2009.

ANOTAÇÕES

ANOTAÇÕES

ANOTAÇÕES

ANOTAÇÕES

ANOTAÇÕES

EDITORA *Jus*PODIVM
www.editorajuspodivm.com.br

RENOVA GRAF
www.renovagraf.com.br

JUS4304